車

佐藤 研

聖書時代史

新約篇

岩波書店

spiritu patris

in caelis

まえがき

本書の内容

「聖書時代史」という言葉は、一般には、旧約聖書ないしは新約聖書の中核的歴史――イスラエル史ないしは初期キリスト教史――の前提となったところの、あるいはそれと同時並行的に進行したところの、周辺世界の歴史を指す。したがって、「聖書時代史 新約篇」と銘打たれた本なら、新約聖書の書かれた時期の周辺史、具体的にはローマ史とユダヤ史が語られると予期されるであろう。しかし本書は、それだけに留まらず、「初期キリスト教史」そのものを中核に据えており、実際には、「時代史」を踏まえた「最初期のキリスト教史」というのがむしろふさわしい構成になっている。この点、表題と内容に若干の齟齬《そご》があり得るが、読者のご理解を願いたい。

そもそも、この際の「最初期のキリスト教」とはどこまでか、が問題となろう。ここでは、「聖書時代史 新約篇」という表題の示す如く、新約聖書の実質的な成立時期である紀元後二世紀末までを内容としている。

「キリスト教」はいつ「成立」したか

これはしかし、曖昧な決断でもある。そもそも、「新約聖書」二十七書が正式に認められ、今私たちが見ている形で確定されたのは、紀元三九三年ヒッポ公会議(北アフリカ)においてであり、それが公布されたのは三九七年のカルタゴ公会議においてである(それも正確に言えば、西方教会での話であり、東方教会ではようやく十世紀になってからである)。つまり、イエス誕生後、ほとんど四百年かかって確固たるものになったのが新約聖書ということになる。もっとも、新約聖書の中の文書が実際に書かれたのは、紀元一世紀から(遅くとも)二世紀半ばまでであり、二世紀末には現二十七書中二十二書までが、「正典」的権威を認められていたことが分かっている。また、「新約聖書」――古い契約の書である「旧約聖書」に対し、新しい契約の書の意――という言葉もこの頃から見出される。そこで便宜的に、二世紀の終わりで一つの区切りを見たいとしたのである。

しかし、二世紀の末とは、キリスト教全体からしても、まだ確立の途上にあった時期である。それが完成するのは、四―五世紀のローマ・カトリック体制の確立期とするのが妥当であろう。これは先ほどの「新約聖書」二十七書の正式確定の時期と重なる。そしてここで確立されたキリスト教が、現在に至るまでの(少なくとも西側の)カトリックやプロテスタント・キリスト教の礎となっているのである。この時期をキリスト教が「成人」に達した時期であるとすると、紀元二世紀末とは、キリスト教がまだ「少年」であった時期ということになる。つまり、キリスト教が自己のアイデンティティを深め、強固にしようとして悪戦苦闘していた時期とも言える。

それではキリスト教はいつ、その母胎のユダヤ教から離れ、いわば己の二本足で立ったのか。つまり、いつ独自の宗教体としての自覚を持ったのか。

一般に私たちは、イエスがキリスト教を開いた「開祖」であり、その後の「使徒」たちがキリスト教を担った、と理解している。中には、ドイツの哲学者F・ニーチェのように、キリスト教を作り上げたのは使徒パウロであるという人も今なお存在する(その際の「キリスト教」とは、イエスの真の教えからの脱落であるとして否定的に理解されるのが常である)。しかし私見では、このどちらも正しくはない。双方とも後代のフィルターを通してものを見ているのである。

「キリスト教」と呼ばれるに至った宗教が、その基盤のユダヤ教から自覚的に自らを切り離して独り立ちを始めたのは――全体は一つの漸次的なプロセスであったとはいえ――実は紀元七〇年から一世紀の終わり頃である。それまでは、ユダヤ教の内部改革運動の一つであったと見なすのが事態に最も即している。したがって、イエスもパウロも、「キリスト教」なるものは知っていなかったのである。

「ユダヤ教イエス派」とその後

以上のような理解から、筆者は二年ほど前から、紀元七〇年以前のナザレのイエスに端を発する運動を「ユダヤ教イエス派」の運動と呼んで来た。本書でもそれを踏襲する。そのため、一般的な「原始キリスト教」という言い方はしていない。したがって以下においては、ローマ帝国とユダヤ教全般の状況に留意しつつ、まず「ユダヤ教イエス派」の姿を描き、さらにはこの運動が「キリスト教」として成立し、引き続きそれが独立した宗教としての自覚を深め、強固にしようとして格闘する時期までを略述することになる。

なお、各章とも、「ローマ帝国」ないしは「パレスチナ／ユダヤ教」の項目のみを読めば、それだけで各々の歴史の簡易な通史となるようにも配慮した。したがって両者とも、「ユダヤ教イエス派」／「キリスト教」の項目内容と必ずしも遂一的に呼応しているわけではない。またそれぞれの資料は詳しく挙げてはいないが、新約聖書と歴史家ヨセフスの作品に関してのみ、やや詳細に出典箇所をしるした。

目　次

旧約・新約聖書および諸文書略語表

I　旧約聖書

創	創世記
出	出エジプト記
レビ	レビ記
民	民数記
申	申命記
ヨシ	ヨシュア記
士	士師記
ルツ	ルツ記
サム上	サムエル記上
サム下	サムエル記下
王上	列王記上
王下	列王記下
代上	歴代誌上
代下	歴代誌下
エズ	エズラ記
ネヘ	ネヘミヤ記
エス	エステル記
ヨブ	ヨブ記
詩	詩編
箴	箴言
コヘ	コヘレトの言葉
雅	雅歌
イザ	イザヤ書
エレ	エレミヤ書
哀	哀歌
エゼ	エゼキエル書
ダニ	ダニエル書
ホセ	ホセア書
ヨエ	ヨエル書
アモ	アモス書
オバ	オバデヤ書
ヨナ	ヨナ書
ミカ	ミカ書
ナホ	ナホム書
ハバ	ハバクク書
ゼファ	ゼファニヤ書
ハガ	ハガイ書
ゼカ	ゼカリヤ書
マラ	マラキ書

II　旧約聖書続編(外典)

I マカ	第1マカベア(マカバイ)書
II マカ	第2マカベア(マカバイ)書

シラ　シラ書(ベン・シラの知恵)

III　新約聖書

マタ　マタイによる福音書
マコ　マルコによる福音書
ルカ　ルカによる福音書
ヨハ　ヨハネによる福音書
使　使徒行伝(使徒言行録)
ロマ　ローマ人への手紙
Iコリ　コリント人への第一の手紙
IIコリ　コリント人への第二の手紙
ガラ　ガラテヤ人への手紙
エフェ　エフェソ人への手紙
フィリ　フィリピ人への手紙
コロ　コロサイ人への手紙
Iテサ　テサロニケ人への第一の手紙
IIテサ　テサロニケ人への第二の手紙

IV　その他

『古代誌』　ヨセフス『ユダヤ古代誌』

Iテモ　テモテへの第一の手紙
IIテモ　テモテへの第二の手紙
テト　テトスへの手紙
ピレ　ピレモンへの手紙
ヘブ　ヘブル(ヘブライ)人への手紙
ヤコ　ヤコブの手紙
Iペト　ペトロの第一の手紙
IIペト　ペトロの第二の手紙
Iヨハ　ヨハネの第一の手紙
IIヨハ　ヨハネの第二の手紙
IIIヨハ　ヨハネの第三の手紙
ユダ　ユダの手紙
黙　ヨハネの黙示録

『戦記』　　ヨセフス『ユダヤ戦記』

聖書の章は漢数字で、節は算用数字で記した。例えば「マタ五41」は「マタイによる福音書五章41節」を意味する。

ヨセフス『ユダヤ戦記』『ユダヤ古代誌』の巻・節は漢数字で記した。例えば「『戦記』一・三八七―三九七」は「『ユダヤ戦記』第一巻三八七―三九七節」を意味する。

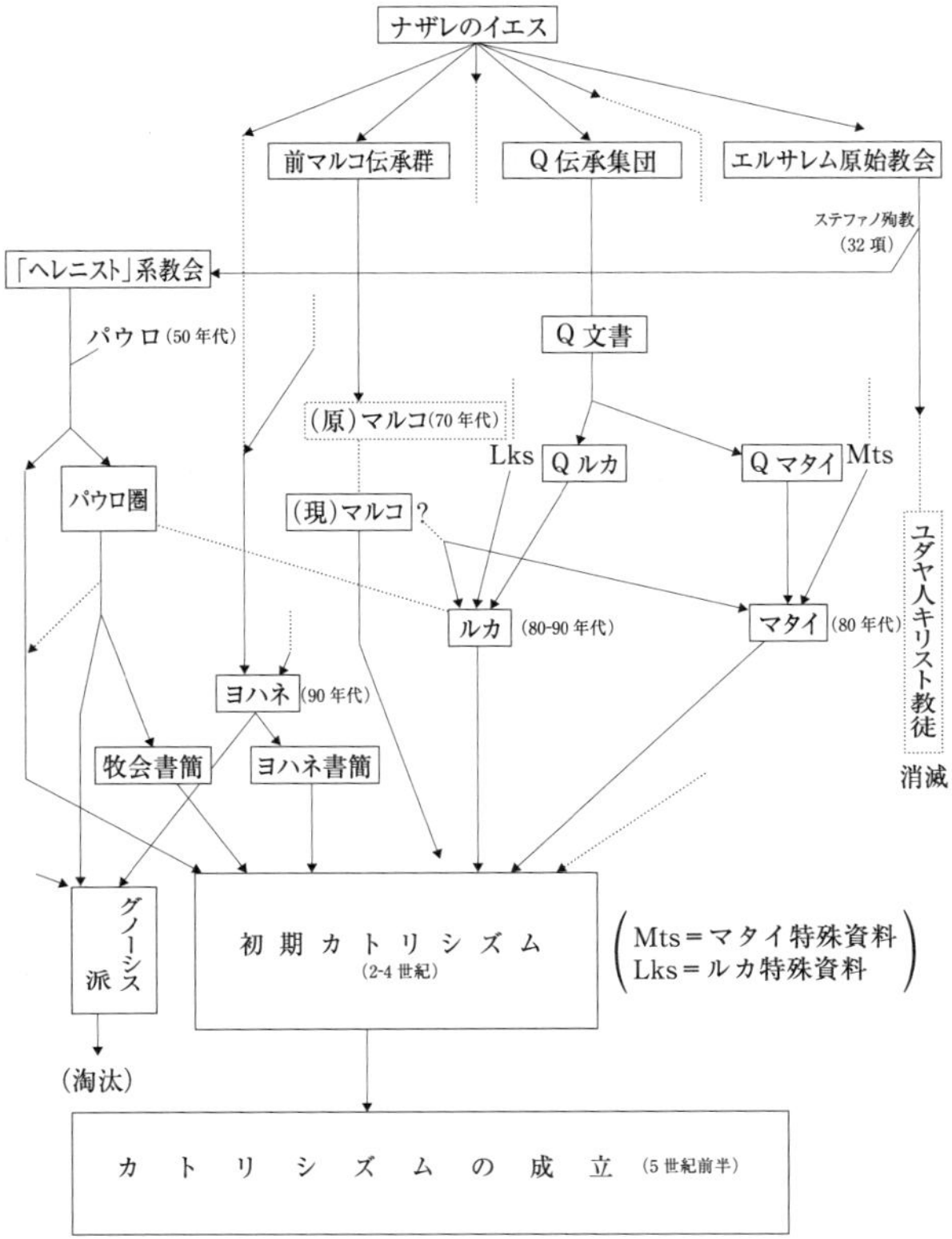

ナザレのイエス
前マルコ伝承群
Q伝承集団
エルサレム原始教会
ステファノ殉教
(32項)
「ヘレニスト」系教会
パウロ(50年代)
Q文書
(原)マルコ(70年代)
Lks
Qルカ
Qマタイ
Mts
パウロ圏
(現)マルコ
?
ユダヤ人キリスト教徒
ルカ
(80-90年代)
マタイ
(80年代)
ヨハネ
(90年代)
牧会書簡
ヨハネ書簡
消滅
グノーシス派
初期カトリシズム
(2-4世紀)
Mts＝マタイ特殊資料
Lks＝ルカ特殊資料
(淘汰)
カトリシズムの成立
(5世紀前半)

初期キリスト教史略図

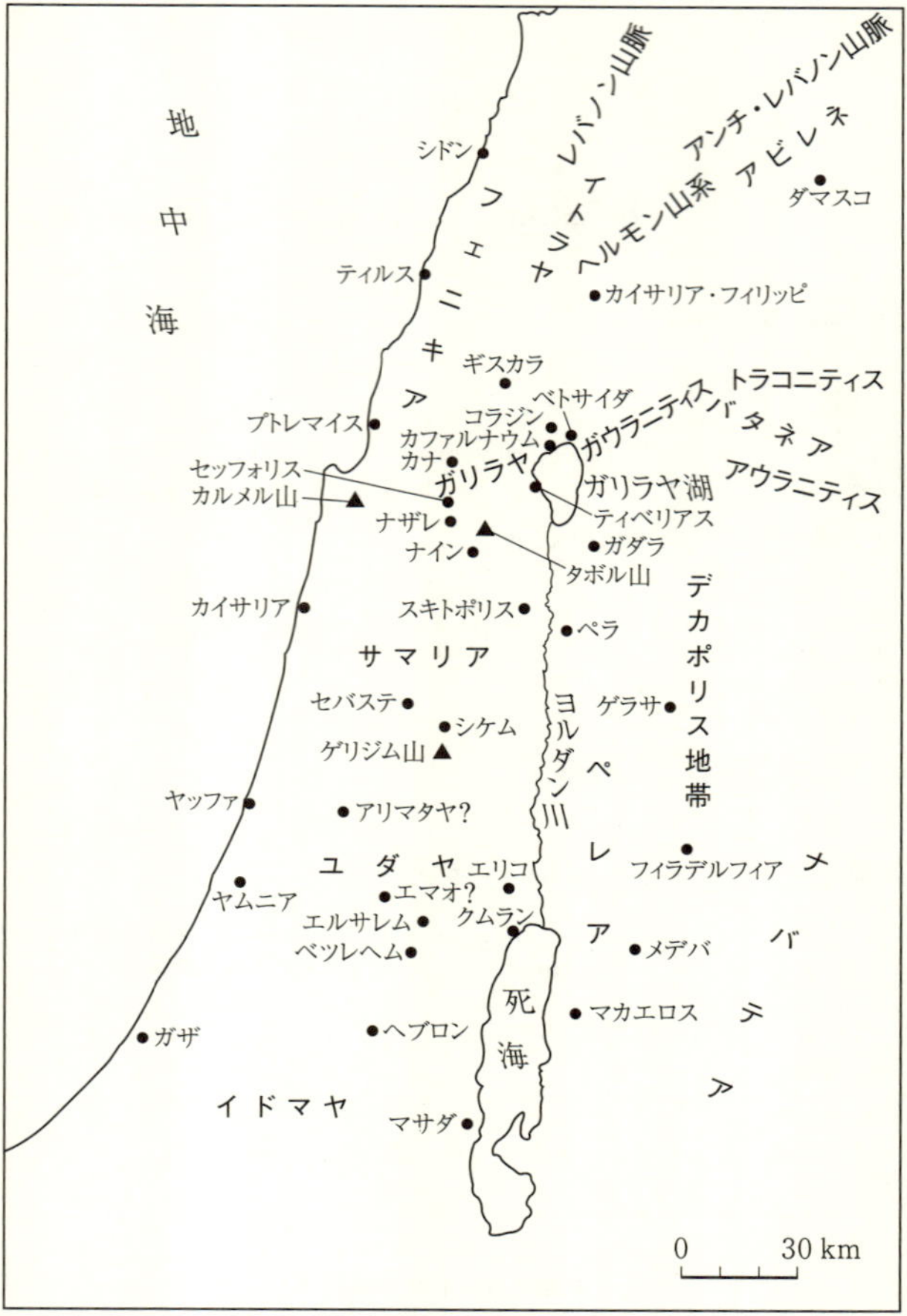

地図1　紀元1世紀頃のパレスチナ

第一章　ナザレのイエスの生と死

（紀元前三〇年頃―紀元後三〇年頃）

「ユダヤ教イエス派」の運動は、当然ながらナザレのイエスから始まる（「ナザレのイエス」とは、ガリラヤ地方のナザレ村出身のイエスという意味であるが、信仰の対象である「イエス・キリスト」と区別し、歴史上の人物イエスという意味を込めてこのように言う）。しかし、イエスの登場自体がすでにある長い伝統の頂点なのである。したがって、イエス現象を十全に描くには、それまでのイスラエル精神史、とりわけそのカリスマ的・預言者的伝統を詳説しなければならない。しかしそれは私たちの叙述範囲をはるかに超えるテーマであり、本書の姉妹編の山我哲雄『聖書時代史　旧約篇』（以下『旧約篇』）を見ていただくのが最善であると思われる。

本書としては、ナザレのイエス登場の三十年ほど前から筆を起こすことで足れりとしたい。すなわち、イエスと彼以後の者たちの活動の大前提であるローマ帝国の成立とその支配下のパレスチナを概観することから始めたいと思う。

第一節　イエスの運動を囲んだ世界

1　ローマ帝国の成立

ローマの平和

紀元前三一年のアクティウムの海戦でアントニウスとエジプト女王クレオパトラとを敗走させたローマのオクタウィアヌス(Octavianus, 紀元前六三―紀元後一四年)は、これによって一切の政敵を壊滅させた。しかし周到な政治家である彼は、養父であったユリウス・カエサルの轍は踏まなかった。つまりカエサルは、共和的ローマ人がほとんどアレルギー的に忌避した称号すなわち「王」のそれを求めた故に、紀元前四四年凶刃に倒れたのであった。確かにオクタウィアヌスはいわゆる「帝政」を開始したと言われているが、「皇帝」(Imperator, 後出)という絶対者の席を王位の代わりに作ってそれを自らに与えたのではない。彼は表面上は共和政に戻りながら、それを内側から換骨奪胎して、実質的な帝政を確立したのである。したがって、彼は、表面上は次のように主張できたのである。

「余は権威において万人に優越していることがあっても、権力に関しては余と共に公

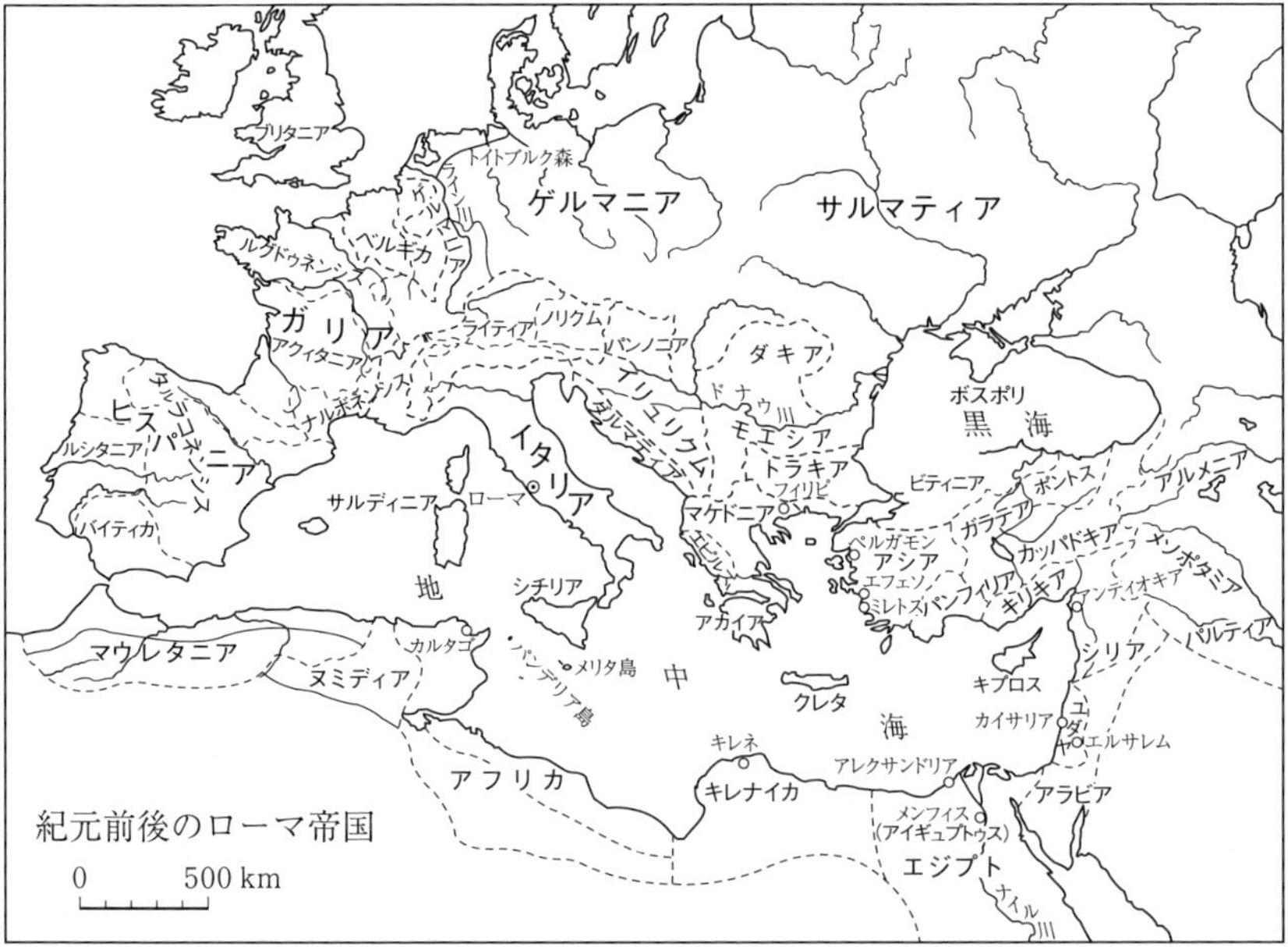

地図２　紀元前後のローマ帝国

職にある同僚たちより卓越したなにものをも、保持することはない」(「神帝アウグストゥス業績録」三四節、本村凌二訳、古山・中村他(編)『西洋古代史料集』東京大学出版会所収)

彼はローマに凱旋した翌年の紀元前二九年、まず元老院から「プリンケプス」(Princeps, 第一人者、元首)の称号を贈られた。これは元老院議員の筆頭の者、ローマ市民としての第一人者という意味である。さらに紀元前二七年には、彼は内乱時の非常大権を元老院に返し、共和政再興への意志表示をした。この共和政への復帰を讃えて紀元前二七年、オクタウィアヌスに元老院から与えられた称号が「アウグストゥス」(Augustus, 壮厳なる者)であった。しかし彼に対する人々の信望はさらに厚く、彼は同じ年、元老院より全属州の半分の管轄を任せられた。すなわち、それらの属州の総督としての「プロコンスル命令権」を与えられたのである(残りの半分は元老院管轄の属州となった)。このアウグストゥスのプロコンスル命令権は、紀元前二三年以降一段と強化され、永続化された。つまり彼は、元老院管轄属州の総督をも従えるようになり、また全軍隊に対する実質的な掌握権を手にしたのである。

また同年、彼は「護民官職権」をも付与されることにより、ローマ市民共同体内部における絶対的権力を獲得した。さらには紀元前一九年、全イタリアを掌握する「コンスル命令権」も得、これによって、名目上は共和政、実質的にはアウグストゥスの帝政という新体制が確立した。それを受けて紀元前一七年には、ローマで「世紀の祭典」が催され、ホラティウス(Horatius, 紀元前六五―八年)の作による「世紀の歌」が、パラティヌス丘上に新装されたアポロ神殿前で、青年合唱隊によって歌われたのである。「パクス・アウグスタ」(Pax Augusta, アウグストゥスの平和)なる世界平和の宣言である。これはまた、紀元前一九年に死んだウェルギリウス(Vergilius, 紀元前七〇―一九年)がその著作、とりわけ未完の大叙事詩『アエネイス』(Aeneis)で歌いあげた、一種「終末論」的とも言えるローマの栄光の顕現でもあった。

「こちらの丈夫かれこそは、その出現の約束を、
汝が常に耳にする、かのアウグストゥス・カエサルぞ。
神とせらるるユーリウスの、あと継ぐ彼はその昔、
サートゥルヌスの統治した、土地ラティヌムに黄金の、
時代を再び建設し……」(第六巻七九一―七九四行、泉井久之助訳、『ウェルギリウス・ルクレティウス』〈世界古典文学全集21〉筑摩書房所収)

この後アウグストゥスは紀元前一二年、「最高司祭長」(Pontifex Maximus)になり、紀元前二年には「祖国の父」(Pater Patriae)の名誉称号も送られ、押しも押されぬ絶対支配者となったのである。アウグストゥスは自らを好んで「プリンケプス」と呼んだため、彼

のこの実質的な皇帝支配体制すなわち帝政を「プリンキパトゥス」(Principatus)と呼び慣わしている(邦語では内容をくんで「元首政」と訳す。――なお、先ほど触れた「皇帝」imperator〔文字通りならば「最高司令官」〕という称号は、もともと凱旋の将軍・指揮官を麾下《きか》の兵士たちが歓呼する名誉呼称。それが元首にも適用された。ただし、この語が一般に言う意味での「皇帝」として、元首の別タイトルと化したのは、「皇帝ウェスパシアヌス」〔在位六九―七九年〕以降である)。

アウグストゥスは政治家としては確かに優れていたが、軍人としては二流であった。しかし彼には幸運にも、マルクス・アグリッパ(Marcus Agrippa, 紀元前六四/六三―一二年)という極度に有能な軍人が若い頃より側近として仕えていた。アグリッパは、後で述べる如く、ユダヤのヘロデ大王の友人でもあり、その勢力安定に少なからず与った人物である。このアグリッパは紀元前二三年、帝国東部の共同支配者およびシリア総督となった。また彼は、紀元前二一年、アウグストゥスの唯一の子で後に不貞の悪名高きユリア(Julia, 紀元前三九―紀元後一四年)と結婚したが、彼女の身持ちがさほど表立たないうちに、紀元前一二年に死んでしまった。その他、アウグストゥスの軍事面の助力者にティベリウス(Tiberius, 紀元前四二―紀元後三七年)とドルスス(Drusus)がいる。ティベリウスは紀元前一三年にコンスル、そしてさらに後に元首となるが、もともとアウグストゥスの三度目

（かつ最愛）の妻リウィア（Livia）が、先夫との間に設けた二人の子のうちの長男であり、その弟がドルススである。

ティベリウスは軍人として優秀であったものの、その他の面では思い通りにならず、陰うつな人間嫌いになって行った。彼は、さきに述べたアグリッパが死ぬと、紀元前一一年アウグストゥスの命令でそれまでの妻と無理やり離婚させられ、アグリッパの未亡人の、例のユリアと結婚させられた。しかしながらアウグストゥスは、すでにユリアとアグリッパの二人の子どもを養子にしていたのであるから、ティベリウスの役は単なる欠陥補充材のような感を与えずにいなかった。加えてこの頃からユリアの男遊びがひどくなり、幻滅し切ったティベリウスは、紀元前六年、とうとうロドス島に引き籠ってしまった。

他方ユリアは、夫がいなくなるといっそう羽根を延ばし、男どもとの房事にふけった。しかし紀元前二年、マルクス・アントニウスの次男ユルス・アントニウスとの情交はさしものアウグストゥスの神経をもひどく逆撫でした。アウグストゥスはすでに紀元前一九年に、風紀の粛正を目指して、姦淫禁止法や婚姻法を定めていたのである。怒ったアウグストゥスはユリアをナポリ近くのパンダテリア島に流してしまった。

こうした風潮に加え、「パンと見せ物」を求めてたむろする群衆の姿は、「パクス・アウグスタ」の裏面の現実として特筆しておかねばならない。人口百万とも言われる消費都市ローマは、その四割が奴隷、残る六割の三分の一から二分の一が食糧の無料配給に群がる無産階級の群衆であった。そして彼らは、剣奴の闘技や野獣との戦い等に興奮して日々を過ごしたのである。

「……かつては権力や権勢や軍事等の一切に力を入れていた者たちは、今となっては萎縮し、ただ二つのことにのみ躍起になっている。パンと見せ物である」（ユウェナリス、第一〇篇七八―八一行）

これらの糧食と娯楽物の提供者は、有力市民や元老院議員や皇帝であった。アウグストゥスも、紀元前二二年等の食糧事情悪化による社会不安に際しては、自ら多額の費用を個人的につぎ込んで民衆に糧食を当てがった。また一貫して数多くの剣奴闘技や猛獣との格闘を催して民心を迎えたことも、彼自らが証言する如くである。

「余が開催した剣闘士興行は、余の名において三度、余の息子および孫の名において五度に及び、これらの競技にあって、およそ一万人が戦った……アフリカの猛獣との格闘技を、余の名、あるいは余の息子、および孫の名において、円形競技場、広場、あるいは円形闘技場で、国民のために余は二十六度開催し、これらの際に、およそ三千五百頭の猛獣が犠牲となった……」（「神帝アウグストゥス業績録」二二節、本村凌二訳、前掲書所収）

そして、これらの糧食や娯楽物に必要な経済的基盤は、これから述べるユダヤなどの「元首直轄属州」からの収入にあったことも忘れてはならない。

紀元後四年までに、アウグストゥスの孫のルキウスとガイウスが共に病死し、ようやくティベリウスがアウグストゥスの養子に迎えられた。しかしながら、ティベリウスは同時に、アウグストゥスの遠い血縁にあたる甥のゲルマニクス(Germanicus)を養子にとるように強制された。そのゲルマニクスは、翌五年、アウグストゥスの一人娘ユリアとM・アグリッパの間に生まれた(大)アグリッピナ(Agrippina)と結婚する。ティベリウスを中継ぎにしつつ、自らの血筋によって皇帝位を確保しようとするアウグストゥスの意図は明白である。そうしているうちに、紀元後一四年八月、アウグストゥスはカンパニアのノラで病没し(七十六歳)、翌月ティベリウスが正式に後を継ぐことになった(五十五歳)。

この間対外的には緊張が続いた。まず、東は古代ペルシャの地を支配するパルティア帝国との戦いが間歇的に続いた。紀元後六年にはパンノニア(ドナウ川中流、現在のハンガリー盆地周辺)とダルマティア(アドリア海東岸、パンノニアの南)で反乱が起こったが、それぞれ紀元後九年までには鎮圧された。より問題がこじれたのは北のゲルマン人との戦いである。すでに紀元後四年にティベリウスがゲルマニアに遠征し、二、三の部族を平定し、遠くは今のヴェーザー川(中部ドイツから北へ向かい、北海に注ぐ川)まで進んだ。

しかし決定的な打撃は紀元後九年にやってきた。この年の秋、現ドイツ北西部の山地トイトブルクの戦いにおいて蒙った大敗北である。以前のシリア総督P・Q・ウァルスは、紀元後七年以降ゲルマニア地方の司令官になっていたが、彼は己の立場を利用して私腹を肥やすことにしか専念せず、とうとう反乱が勃発した。これを鎮圧しようとしたウァルスは、総勢二万人にのぼるローマの三軍団を率いて戦いに臨んだが、トイトブルク山地において、ケルスキ族の首長アルミニウス(Arminius)によって完膚《かんぷ》なきまで壊滅させられたのである。結局これによってゲルマン人は、ローマからの相対的独立を確保することになった。この事件は、後にゲルマン人の大移動によってローマ帝国が分断されていく遠い伏線とも見なすことができる。

二〇―二三年頃からは、近衛軍指令官のセイアヌス(Seianus)がのし上がって来る。ローマを留守にしがちのティベリウスに代わって、彼が政治の実権を握り始めたのである。二三年にはティベリウスの息子の小ドルススが怪死した(後から分かったことであるが、これは秘かに帝位を狙うセイアヌスが暗殺したのである)。これに加えて、宮廷内の女たちの権力抗争に嫌悪を抑えきれなかったティベリウスは、二六年にはローマを離れ、翌年にはカプリ島に隠棲してしまった。政治はすべてセイアヌスに任された。二八年、ティベリウスの母リウィアが八十六歳で死ぬと、セイアヌスの横暴は頂点に達する。彼は二九年、帝位を得るに際して邪魔になる大アグリッピナとその二人の息子を排除するため、大アグリッピナとその長男をイタリアから追放し、次男を投獄するに及んだ。

なお、このセイアヌスの手下の一人が、二六年以降ユダヤの総督になり、イエスを処刑するポンティウス・ピラトゥス(Pontius Pilatus, ポンティオ・ピラト)である。

2　パレスチナにおけるヘロデ家の支配

パレスチナは、マカベア戦争(紀元前一六七―一六四年)以来、マカベア家ないしはハスモン王朝の指導・支配の下にあったが、この体制が弱体化する中、紀元前六三年の将軍ポンペイウスの侵入を以て、ローマに降った(『旧約篇』二七四頁以下参照)。その後、このローマ権力の許で自己の支配を確立していったのが、後に「大王」と称せられるまでに至るヘロデ(Herodes)である。

ローマの傘のもとのヘロデ

ヘロデは、その父アンティパトロスがユダヤの南方地帯のイドマヤ人(聖書で言うエドム人、紀元前一二九年頃ユダヤ化される、『旧約篇』二六〇―二六一頁参照)、その母キュプロスがパレスチナ南方地帯のナバテア人(聖書で言うアラビア人)であったが、紀元前四七年、父がユダヤの総督になったのを機にガリラヤ知事に任じられた。その後も彼は首尾良く上昇気流に乗り、紀元前四〇年にローマからユダヤの「王」として認められるに至った(『旧約篇』二八二頁参照)。

彼はこの頃アントニウスの臣下であったが、アントニウスがアクティウムの海戦でオクタウィアヌスに破れるや否や、間髪を入れずに、紀元前三〇年春、わざわざ小アジアの島まで出向いてオクタウィアヌスに忠誠を誓った(ヨセフス『ユダヤ戦記』(以下『戦記』)一・三八七—三九七、ヨセフス『ユダヤ古代誌』(以下『古代誌』)一五・一八三—一九八)。オクタウィアヌスはヘロデがパレスチナ支配の有用な道具になると判断したらしく、その支配を安堵した。ヘロデはまた、紀元前三〇年秋、エジプトがローマ領になった際、エジプトに再びオクタウィアヌスを訪問、ガダラやサマリア等の諸市を受けた。また紀元前二三年には、北トランス・ヨルダンのトラコニティス、バタネア、アウラニティス等の地方を手に入れた。さらに紀元前二〇年には、ヨルダン川の水源付近の諸地域を併合する許可もアウグストゥス(すなわちかつてのオクタウィアヌス)から与えられた(以上、『戦記』一・三九八、『古代誌』一五・二一三—二一七、三四三以下、三六〇)。こうして、アウグストゥス体制に支えられながら、ヘロデは自分の領地も段階的に拡張することが出来たのであった。

M・アグリッパの庇護

ヘロデの支配権確立に際しては、彼がアウグストゥスの腹心のM・アグリッパを友人に持っていた事実が大きく寄与した(『戦記』一・四〇〇参照)。ヘロデはまず紀元前二二年、レスボス島に滞在するM・アグリッパを訪問、親交を深めた。紀元前一六年にアグリッパがシリアへ来るや、ヘロデは再び彼を訪ね、熱心にユダヤに招待した。その甲斐あって、アグリッパは紀元前一五年、ヘロデのいるエルサレムを訪ねた。さらにヘロデは、紀元前一四年に再び東方に来たアグリッパに同行し、小アジアを訪問している(『古代誌』一五・一六以下)。このヘロデとアグリッパの友好関係は、またユダヤ人全体にも肯定的に作用した。パレスチナの地以外にいる、いわゆるディアスポラ(「離散」の意)・ユダヤ人の重要な権利問題の決定を託されると、アグリッパはユダヤ人に有利な判断を下した(『古代誌』一六・六〇)。同様にアウグストゥス帝もユダヤ人に対しては好意的で、彼らが神殿に金銭(すなわち神殿税)を送る権利のあることを確認・保全した(『古代誌』一六・一六二以下)。これは紀元後四〇年のガイウス(カリグラ)帝時代まで続いた。

ヘロデのヘレニズム・ローマ志向

ヘロデのローマ志向は、自分の息子たち(アレクサンドロス、アリストブロス、アルケラオス、ヘロデ・アンティパス)を紀元前二三—七年頃にかけてローマ遊学に送ったことにも現われている(『古代誌』一五・三四二—三四三、一七・二〇)。紀元前一八年には自らも、二人の息子たちおよび皇帝を訪ねて、ローマに赴いている。

また彼は、子供たちの教育のみならず、行政や軍隊の責任も、ギリシャ人か、ヘレニズム的背景を持つ人物に託した。彼の宮廷は、ヘレニズム的著作家、音楽家、役者、競技者らで賑わっていた。その中でも特に有名なのは、ヘロデ腹心の官房長官ダマスコのニコラオス(Nikolaos, 紀元前六四頃—紀元前後)であろう。彼は元来アントニウスとクレオパトラの臣下であったが、彼らが滅んだ後、エルサレムにやって来てヘロデに仕えると共に(『古代誌』一六・一八三—一八六、一七・九九参照)、自らの著述活動を続けた。彼が紀元前二三—二一年の間に著わした『アウグストゥス伝』は、その一部が今もなお伝えられている。

ヘロデの建築活動

ヘロデはまた、その広範囲にわたる大規模な建築活動でも名を残した。まず紀元前二七年に、元首オクタウィアヌスが「アウグストゥス」の尊称を受けたのを記念して、サマリアを「セバステ」(「アウグストゥス」のギリシャ語形「セバストス」に基づく)と改名し、要塞として再建、さらにその中にアウグストゥス神殿を建立した。彼はまた同市に退役軍人を含む六千人を植民させ(ただしユダヤ人は少数)、広大な土地を分け与えた(『戦記』一・四〇三、『古代誌』一五・二九二―二九八)。

その他エルサレム南東には、自らの名にちなむ要塞町ヘロディオンを造った(『戦記』一・四一九―四二一、『古代誌』一五・三二三―三二五)。また家族を記念して、エリコ峡谷にファサエリス(兄のファサエロスにちなむ)の町を、エリコの近くに要塞キュプロス(母キュプロスにちなむ)を建設、また、ユダヤ北西部でサマリア国境沿いにある町アフェクをアンティパトリス(父アンティパトロスにちなむ)と命名し建て直した(『戦記』一・四一七―四一八、『古代誌』一六・一四三―一四五)。また死海東岸の要塞マカエロス(マケロス)を再建し、死海西岸の巨大な自然の砦マサダを圧倒的な要塞(兼宮殿)に改修した(『戦記』七・一七二―一七七、二八五―三〇三)。

また宮殿建設では、まず紀元前二四年にエルサレムの上の町に二つの壮麗な建物からなる宮殿を建て、自らのパトロンにちなんで一つを「カイサレイオン」、他を「アグリッペイオン」と名付けた(『戦記』一・四〇二、『古代誌』一五・三一八)。そのほか、エリコにも見事な迎賓館を建て、またアシュケロン、ベトハラマタ(旧約のベト・ハラム、死海の北端より北東に約一〇キロメートル)にも宮殿を建立した。とりわけ重要な建設作業に、地中海に臨む「ストラトンの塔」を改築して海辺のカイサリア(カエサル・アウグストゥスにちなむ、使八40、一〇1、二一8等)としたそれがある。これは紀元前二二年に開始され、十二年間かかって、パレスチナ沿岸最大の港湾都市として完成された(『戦記』一・四〇八―四一五、『古代誌』一四・七六、一五・三三一―三四一、一六・三三一―三四一、一六・一三六―一四一)。

そして最後に、エルサレム神殿の大規模な改築がある(『戦記』一・四〇一、『古代誌』一五・三八〇―四二五)。この改築工事は紀元前二〇年に開始されたが、ヘロデの生前には完成を見ず、それどころか、紀元後六四年、つまりユダヤ戦争の直前になってようやく完成した(後述九六頁参照)。この神殿は、ヘロデの名誉欲を余すところなく示すもので、「ヘロデの神殿まだ見ぬ者は、綺麗なものを見たとは言えぬ」、との諺になったほどの壮麗さを誇った(マコ一三1参照)が、皮肉にも完成後六年足らずで、ユダヤ戦争の最終局面で炎上して果てる羽目となった。ヘロデはこの神殿以外にも、エルサレムの上の町にヒッピコス、ファサエロス、マリアンメというそれぞれヘロデの友人、兄、そして最愛の妻の名にちなむ雄大な塔を建設し(『戦記』二・四三九、五・一六一以下参照)、神殿北側に隣接するアントニア要塞の防衛工事をし、劇場その他を建設した。

ヘロデの支配政策

ヘロデの民衆支配政策は懐柔と圧制の混交であった。前者から言えば、ヘロデは上述の如く、エルサレムとその神殿をユダヤ人のために建て直した。紀元前二五年の大飢饉の時は、自腹を切って大量の穀物をエジプトで買い集め、パレスチナに輸入した。紀元前二〇年頃は、税金も三分の一程軽減する策に出ている(以上、『古代誌』一五・三〇七、三六五)。パレスチナ以外の諸都市でも様々な寄付や人気取りの方策を行った。またユダヤ人のいるところでは故意に彼らを挑発する行為は極力控えた。しかしながら、セバステやカイサリア等、ヘレニズム的な都市を多数建設することは、その中で異教的生活が公然となされることを意味するため、結局敬虔なユダヤ人の反感を煽らずにはいなかった。首都エルサレムのヘレニズム化も同様の反応を生んだ(『古代誌』一五・二六七—二七九、一七・一四九—一六七、『戦記』一・六四八—六五五参照)。

さらに、皇帝やその側近の有力なローマ人への迎合策は、結局ユダヤ人の慣習を軽んじることになり、民心を逆撫でることに帰結した。総じて彼には、ローマ皇帝イデオロギーに自らを適合させ、それになぞらえて自らの威光を輝かそうという衝動があったが、これはユダヤ人にとってはまさに唾棄すべき異邦人支配のお先棒担ぎでしかなかった。トランス・ヨルダンでは、ヘロデは自らへの礼拝を強要したという報告すらある。しかしながら、ヘロデへの批判者・政敵は、密告組織と秘密警察によって、残酷かつ徹底的に弾圧された(『古代誌』一五・三六六—三六九)。いわゆる「押し入り強盗」規制法は、王とその追従者に対するテロ活動を封じ込めるためのものであった。もっとも、これはユダヤ人の受刑者を異邦人に売り飛ばす内容のものであり、従来の律法の伝統を無視するものであったために、ユダヤ人のいっそうの憎しみを煽った(『古代誌』一六・一—五)。

紀元前二五年頃にはヘロデ暗殺計画が立てられ、実行直前に察知され潰されている(『古代誌』一五・二八〇—二九一)。なお、こうしたテロをも含む抵抗運動が胎動していたことは、後年になって舞台の中央に出る抵抗運動の芽が、この頃すでに醸成されていたことを示す。また、ヘロデの支配期に黙示思想の運動がいっそう一般化したことを考えれば、神に熱心なユダヤ人の目には、そもそもイドマヤ人の子ヘロデは「半ユダヤ人」(『古代誌』一四・四〇三)でしかなく、終末直前に到来する黙示的抑圧者以外の何物でもなかったことも想定される。事実、紀元前後に成立したある黙示文書のテキストは、それを証している。

「彼ら〔=ハスモン家の王たち〕の跡を厚顔な王〔=ヘロデ〕が継ぐであろう。彼は祭司の家の出ではなく、無謀で非道な人である……彼は老人と若者を殺し、惜しむことをしない。その時、彼らの地では彼に対する恐れが、彼らのうちで苛烈になるであろう……」(「モーセの遺訓」六2以下、土岐健治訳、『聖書外典偽典・別巻・補遺I』教文館所収)

これに加えて、ヘロデの統治をおぞましくしたのが、彼の家族内の粛清劇であった。彼は紀元前三七年にハスモン家出身のマリアンメ一世(Mariamme I)と結婚し、素性の点での自らのハンディキャップを補強したかに見えたが、しかしその二年後にすでに、この目論見の亀裂が露呈し始めた。ヘロデは自らが大祭司に任命した、義弟で十六歳のアリストブロス三世に人心が集まるのを恐れ、彼を池で遊泳中に溺死させた(『戦記』一・四三七、『古代誌』一五・五一―五六)。そして紀元前三〇年春には、オクタウィアヌスに会いに行く直前に、妻の祖父にあたるかつての大祭司ヒルカノス二世(『旧約篇』二七一頁以下参照、なおこのころパルティアからユダヤに帰っていた)を暗殺させた(『戦記』一・四三三―四三四、『古代誌』一五・一六四―一八二)。これは妻との決定的な不和に発展した。

加えて周囲の讒言《ざんげん》に心を乱した王は、嫉妬の余り紀元前二九年、とうとうマリアンメ一世を処刑してしまった(『戦記』一・四三五―四四四、『古代誌』一五・二一八―二三九)。翌二八年頃にはまた、マリアンメの母のアレクサンドラも殺害された。ハスモン家再興への恐怖心はやがて、自らとマリアンメ一世の子であるアレクサンドロスとアリストブロスをも、反逆のかどでサマリアで絞首刑に処するに至った(紀元前七年、『戦記』一・五五一、『古代誌』一六・三九四参照)。

「彼は常に恐怖にさいなまれ、いかなる嫌疑の種にも激昂し、一人の罪人をも見逃す

ことを恐れる余り、何も罪もない多くの人々を拷問へと引き立てて行った」(『戦記』一・五九一)

猜疑心に煽られたヘロデはなお、紀元前四年、陰惨な病の床で七転八倒する身でありながら、さらに息子のアンティパトロスをも処刑した(『戦記』一・六六四、『古代誌』一七・一八七)。ヘロデ自身が死に就いたのは、そのわずか五日後に過ぎない。享年ほぼ七十歳であった。

ヘロデ死後の反乱

ヘロデが死ぬや、国内ではこれまでの圧政が祟って反乱が勃発した。エルサレムの暴動は、ヘロデの子のアルケラオスが大量殺戮を遂行して鎮圧した(『戦記』二・一〇—一三、『古代誌』一七・二一三—二一七)。しかしことはこの程度では済まず、反乱は全土に広がった。「ヒゼキヤの子ユダ」は、ガリラヤの首都セッフォリスの王宮を襲撃、王の武器庫等を略奪した。ヒゼキヤとは、紀元前四七/四六年ヘロデに処刑された反乱者の首領であり(『戦記』一・二〇四、『古代誌』一四・一五九、一六七)、その子とは、この十年後「ガリラヤのユダ」として登場する、反乱隊の組織者ユダと同一人物であろう(後出)。

またこの他にも、ヘロデの奴隷シモン、羊飼いアスロンゲースらがメシア的王を僭称しつつ、暴れ回った(『戦記』二・五七以下、『古代誌』一七・二七三以下)。これはシリア総督のP・Q・ウァルスが武力で介入し、大規模な殺戮を繰り返してようやく一応の鎮圧を見た事件であった。

ヘロデ大王以後のパレスチナ

ヘロデ自身の遺言によると、彼の王国は子のアルケラオス(Archelaos, マタ二22参照、新共同訳の「アルケラオ」)、ヘロデ・アンティパス(Herodes Antipas, マコ六14等の「ヘロデ(王)」)、フィリッポス(Philippos, ルカ三1参照、新共同訳は「フィリポ」)の三人に分割されるはずであった。すなわちアルケラオスは「王」として至上権が、ヘロデ・アンティパスとフィリッポスは「四分領統治者」(tetrarches,「領土の四分の一の統治者」の意、『旧約篇』では「四分領太守」)としてそれぞれガリラヤとペレア、および北トランス・ヨルダン(ガウラニティス、バタネア、トラコニティス、アウラニティス)の領土が割り当てられてあった。

アウグストゥスは、ヘロデ・アンティパスとフィリッポスに関してはこの遺言通りに認めたが、アルケラオスに関しては「王」の称号を許さず、彼を単に「民族統治者」(ethnarches)としてユダヤとサマリアの支配者にした(『戦記』一・六六八、二・九三―九七、『古代誌』一七・一八八―一八九、三一七―三二〇)。

ヘロデの子フィリポスの支配

ヘロデ大王の死後、その領地はこうして三人の息子たちに分かたれたが、そのうちで北トランス・ヨルダンを受け継いだフィリッポスが最も平穏な生涯を送った。彼は紀元前二一年に都市パネアスをカイサリア・フィリッピ(マコ八27等参照、新共同訳では「フィリポ・カイサリア」)として再建し、また、ガリラヤ湖近くのベトサイダをアウグストゥスの娘のユリアにちなんでユリアスという都市にした(『戦記』二・一六八、『古代誌』一八・二八)。また、ヘロデ・アンティパスの妻ヘロディアの娘で、洗礼者ヨハネの首を乞うたというサロメと後年結婚したが、子供はなく、紀元後三四年にユリアスにて静穏な死を遂げた(『古代誌』一八・一〇六、一〇八、一三七)。その支配は寛容なものであったとされている。

ヘロデの子ヘロデ・アンティパスの支配

ガリラヤとペレアの領主のヘロデ・アンティパスは、これに比べて様々に物議をかもした人物である。彼も都セッフォリスを再建し、東ヨルダンのベトハラマタをユリアス(アウグストゥスの妻ユリア・リウィアにちなむ。上記のフィリッポスのユリアスとは別)として新装するなど、父の都市建設好きを継承した(『戦記』二・一六八、『古代誌』一八・二七)。

また、二六―二七年には――おそらく領地支配の経済効率を考えて――セッフォリスに替わる新都をガリラヤ湖西岸に完成させ、皇帝ティベリウスにちなんでティベリアスと命名、人々に家屋まで当てがって移住させた(『戦記』二・一六八、『古代誌』一八・三六―三八)。

しかし彼は父から、強引な色欲まで譲り受けたらしく、異母兄弟のヘロデ・ボエートスの妻(マコ六17の「フィリッポス〔フィリポ〕の妻」は福音書記者の誤り)ヘロディアに横恋慕し、そのために自らのそれまでの妻を離婚し、ヘロディアを奪ってしまった(後二八年頃、『古代誌』一八・一〇九以下)。しかし離婚させられた相手の女性は、隣国ナバテア(死海の東方と南方に広がる国)の王アレタス四世(Aretas IV, 在位紀元前九―後三九年)の娘であり、そのため侮辱を受けたアレタス王はやがてヘロデ・アンティパスに宣戦を布告する。もっともヘロデ・アンティパスとアレタスとの間には、つね日頃国境問題に関する紛争が絶えなかったのであり、今度の戦争状態もこの側面のエスカレーションとも見られる。この戦いは、紀元後三六年頃、ヘロデ・アンティパスが惨めに敗北を喫することで終結した(『古代誌』一八・一一三―一一四)。

ヘロデの子アルケラオスの支配破綻

ヘロデの三人の息子のうち、運命が最も急転したのは、最年長のアルケラオスであった。

彼は父親の残酷さは受け継いだが、その政治手腕は受け取らなかった。彼は、かつて自らが領地を当てがわれた時に反乱を起こしたユダヤとサマリアの住民を深く恨み、彼らを虐げた。大祭司も適当に更迭した。アルケラオスの暴政に堪え切れなくなったユダヤ人とサマリア人は、とうとう代表者を皇帝アウグストゥスの許に派遣し、窮状を訴えた。立腹したアウグストゥスは、アルケラオスをローマに呼び寄せて罷免し、ガリアへ追放してしまった（『古代誌』一七・三四二―三四四）。こうして紀元六年、ユダヤとサマリアはローマの属州に組み入れられた。それも、属州シリアの衛星州に格下げされたものであった（『戦記』二・一一七、『古代誌』一八・二）。

軍事・司法の統率者としては、ローマから騎士身分の総督が「プラエフェクトス」(praefectus, 長官）の称号のもとに派遣された。統治の中心はヘロデの建てた海辺のカイサリアに移され、ここに五つの連隊 (cohors) から成る補助部隊 (auxilia) が総督の監督の許に配置された。ただ実際には、カイサリアに留まっていたのは四連隊で、残りの一連隊は首都エルサレムに常駐した。この補助部隊は大部分セバステとカイサリアの異邦人住民から成っていた（『古代誌』二〇・一七六、なお『戦記』二・二六八参照）。初代総督はコポニウス (Coponius, 在職紀元後六―九年）であった。

ローマの徴税とそれへの抵抗

また同年、シリア総督のP・S・クィリニウスがユダヤにやって来た。アルケラオスの資産を処分し、またユダヤ人の富を直接税徴収に向けて査定するためである(『古代誌』一七・三五五、一八・二、二六)。このケンスス(戸口調査)がおそらくルカ福音書二章1―2節に見られる「キリニウスの住民登録」である。

ローマのユダヤにおける徴税組織について略述しておこう。これには直接税と間接税があった。前者は主に土地税と人頭税であり、加えて家屋税なども あったことが知られている。これらは地方行政組織に徴収させた。間接税とは主に関税で、通行税、港湾税、市場税等があった。これは最近の研究によれば、以前から(ヘレニズム的機構の一部として)ユダヤにも存在した徴税請負業者に委託して徴収した(福音書でこれらの業者およびその手下の「徴税人」らが憎まれている理由は、異教徒ローマの手先であるだけでなく、かつその多くが公然と税金横領をして私腹を肥やしていたため)。しかしこれ以外にも住民には、人力や動物を徴用する強制労働(賦役、angariare)の義務が課せられた(マタ五41参照)。

こうした異邦人支配を生む第一歩となるクィリニウスの戸口調査に際し、ユダヤ人の中に、イスラエルの神への忠実さ故に激しく反対する者たちがいたとしても不思議ではない。その指導者的人物で、武装ゲリラ戦を展開したのが、カリスマ的な律法学者でもあったらしいガリラヤのユダ(Iudas, 正確にはガウラニティスの町ガマラ出身)である(『古代誌』一八・四、なお使五37の「ガリラヤのユダ」参照、これを「テウダ」の事件の後とする使五36の叙述は、使徒行伝〔使徒言行録〕の著者ルカが年代設定を誤ったもの)。彼は、ヘロデの死後ガリラヤのセッフォリスを武装して襲った「ヒゼキヤの子ユダ」(前出)と同一人物であろう。

後にも見るように、このヒゼキヤ―ユダの家系は、ユダヤ戦争の最後に至るまで、反ローマ抵抗闘争の要の役割を演ずるようになる。このユダと連帯した人物が(おそらく)祭司出身でファリサイ派のサドク(Saddok)であった。ヨセフスは、ユダとサドクの二人を「第四の哲学」すなわち熱心党(九〇頁参照)運動の走りとしている(『古代誌』一八・九および二三以下)。ただし、この頃からすでに「熱心党」が組織されていたと見るのはおそらく事態に即してはいない。また、この反乱が収まると、後のピラトゥス時代まで表立った流血事件は見られない。

総督ピラトゥスの登場

総督コポニウスの後の、総督M・アンビウィウス(Ambivius, あるいは「アンビウルス」Ambivulus, 在職紀元後九―一二年)と総督A・ルフス(Rufus, 在職紀元後一二―一五年)の時代は平穏であった。その後の総督V・グラトス(Gratus, 在職紀元後一五―二六年)は矢継ぎ早に大祭司を更迭した。そして最後に大祭司に任命されたのが、福音書で有名なヨセフ・カイアファであった(Kaiaphas, ルカ三2、マタ二六3、57、ヨハ一一49、一八13―28、使四6、『古代誌』一八・三五参照、在位一八―三六年)。またこのグラトスを継いだのが、同じく福音書(ルカ三1、マコ一五1―15)や使徒信条で名高いポンティウス・ピラトゥス(ポンティオ・ピラト)であった(在職二六―三六年)。

このピラトゥスは騎士階級の出身者で、ローマでその頃実権を握っていたセイアヌスを保護者と仰ぐ男であった。したがって彼のユダヤへの登場の仕方も、極めて挑発的であった。すなわち彼は、皇帝の肖像が描かれているローマ軍旗を夜陰に紛れてエルサレムに持ち込んだのである。このためユダヤ人たちは、これを偶像を禁ずるユダヤ律法へのゆゆしき挑戦と解し、大挙してカイサリアに押し掛け抗議行動を行った。ピラトゥスは殺戮をもって脅したが、ユダヤ人たちは一向に屈しなかったので、最後はピラトゥスの方が折れて軍旗をエルサレムから撤去する事件があった(『戦記』二・一六九―一七四、『古代誌』一八・五五―五九)。

またある時は、ピラトゥスはエルサレムに給水する水道の建設費用に、神殿の宝庫から金銭を徴収して当てた。これに対しても何万ものユダヤ人が抗議に集まったが、ピラトゥスは平服の兵士たち多数に棍棒を忍ばせて群衆の中に紛れ込ませ、合図と共に無差別に殴りかからせるという暴挙をもって鎮圧した(『戦記』二・一七五―一七七、『古代誌』一八・六〇―六二)。

ガマリエル一世

この時期のユダヤ教内部においては、ラバン・ガマリエル一世(Raban Gamaliel I, 二〇―四〇年頃)が特筆に値する。彼はヒレルの孫とされ、使徒行伝五章34―39節によれば最高法院(サンヘドリン)のメンバーでもあったらしい。ルカは彼をパウロの教師としている(二二3)。とにかくもガマリエル一世は、ユダヤ人たちの間では最も有名なラビの一人に数えられている。そこから後代、「老ラバン・ガマリエルが死んでから、律法への尊敬が終滅してしまった。清浄さと節制も同時に消え失せてしまった」(二世紀末のユダヤ教口伝律法の集大成であるミシュナのソータ篇九15)とすら言われるようになった。

パレスチナ・ユダヤ教の潮流と党派

最後に当時のパレスチナ・ユダヤ教内部の事情をまとめて略述しよう。パレスチナにおいては、紀元二世紀以来、様々な潮流や党派が並立・拮抗していた(『旧約篇』二六一頁以下参照)。紀元前後で私たちが幾度も耳にするのは、ファリサイ派(パリサイ派、Pharisaioi)

である。彼らは、神の恵みへの応答として、日常生活において「トーラー」(Torah)すなわち「律法」――口伝伝承すなわち父祖の「言い伝え」(マコ七5、9、13参照)を含む――の遵守を心がけた人々である。もっとも彼らを「党派」というのはおそらく当たらず、平信徒間の宗教革新運動の潮流とすべきであろう。ただしその中でも、「ハヴェリーム」(「仲間たち」の意)という結社を作る熱心な者たちも確かに存在した。

なお、ファリサイ派は、紀元前二―一世紀には政治的関与も積極的に行ったが、ヘロデ大王の圧政期に差し掛かると、その頃登場した同派の有名な律法学者ヒレル(Hillel,バビロニアからエルサレムに移り住んだディアスポラ・ユダヤ人)は大きく非政治化する方向をとった。彼はまた、(旧約)聖書から「ハラハー」(宗教的規定)を導出する釈義方法論を確立した。彼の解釈は一般に柔軟なものであったと言われ、徐々に幅広く、とりわけ都会中心に浸透して行った。彼の流れは、第一次ユダヤ戦争(紀元六六―七〇年)後も生き延び、いわゆる「ラビ的ユダヤ教」を形成していった。

これに対して、もう一方の流れを作ったのがシャンマイ(Shammai)で、彼は厳格なハラハー解釈の傾向を示した。彼の流れはむしろ地方に人気があり、数も多数で、より愛国的・攻撃的であったらしい(紀元六年に「ガリラヤのユダ」とともに名を挙げた前述のサドクは、おそらくシャンマイ派の人物だったであろう)。この流れは後年、武力闘争的立場に傾き、第一次ユダヤ戦争が終わると意義を喪失した。

他方、律法の遵守には日常生活をすら変形し、一種の共同体性を堅持しなければならないとしたのがエッセネ派(Essenoi)で、(最近議論はあるものの)その中核グループが、エルサレム神殿体制を批判しつつ、死海のほとりの砂漠に禁欲的・修道院的集団を形成して隠遁した祭司中心のクムラン教団(〔英〕Qumran Community)であろうと思われる。これはエッセネ派・クムラン教団が平和主義的な団体であったことを必ずしも意味せず、彼らの中には第一次ユダヤ戦争に加わった者たちもいた(『戦記』二・一五二―一五三、五六七)。そのために紀元六八年、クムランの修道院はローマ軍によって破壊されている。

他方、神殿体制の担い手である貴族祭司・大土地所有者などはサドカイ派(Saddukaioi)となって対抗し、自らの権益を守ろうとした。また、ヘロデ王家の支持者たちは、「ヘロデ党」(Herodianoi)を形成していたと言われている(『古代誌』一四・四五〇、マコ三6、一二13)。加えて、六六―七〇年の第一次ユダヤ戦争近くに「熱心党」(Zelotai)ないしは「シカリ派」(Sikarioi――おそらくラテン語のsica「短剣」に由来)などとして姿を明確にする武装諸集団の水脈も絶えなかった。

また、これらのうち、サドカイ派を除いてすべてのグループに影響を与えた思想に黙示思想(apocalypticism)がある。これは、イスラエル古来の終末論的思考が、おそらくペルシャの二元論の影響のもと、またイスラエルの知恵文学の思弁を借り、とりわけイスラエルの苦難や迫害の時代の危機意識を背景にして徹底化・先鋒化したものと理解できる。時間的には「この世」と「来るべき世」に、倫理的には神に不忠実な者と最後まで忠実な者とに、救済論的には終末による絶対的滅びと最終的救済に二元的に分極化する思考を特徴とする。そして、同志たちに対して今のこの時の苦難を神への忠実さを捨てずに堪え忍び、来るべき世の至福に与るべきことを訴えるものである(こうした思想を持つ文書を黙示文書 apocalypse という)。この思想は、ユダヤにおいてはシリア王国の弾圧に抗したマカベア戦争頃に鮮明な形態をなし(『旧約篇』二四三頁参照)、さらに紀元前後のヘロデ家の圧政を背景として全土に瀰漫《びまん》していったと思われる。

神殿体制

ローマから承認され、またヘロデ王家の実質的影響下にありつつも、ユダヤの民のための自治機能を果たしていた政体が当時のエルサレム神殿体制である。その直接の起源がバビロン捕囚から帰還した民によって再建された神殿に遡るため、(ソロモン王の立てた第一神殿と区別して)「第二神殿」体制と呼ばれる(『旧約篇』一九四頁以下参照)。中心をなしていたのは、最高指導者「大祭司」(archiereus, いくつかの最高の貴族祭司家系から出る)

以下、七十名の議員から構成されていた最高法院(sanhedrin, 議会)であった。その内訳は、「祭司長たち」(archiereis, 貴族祭司)、「長老たち」(presbyteroi, 一般貴族、大土地所有者)、「律法学者たち」(grammateis, 多くがファリサイ派的立場)であった。

神殿は、全世界の成人したユダヤ人男性から年に二ドラクメの神殿税を取り立てたほか、この地のすべての生産物・消費物に関して「十分の一」税を課した。また毎日二度、民のために犠牲祭儀を行い、年に三度は大巡礼祭で賑わった(過越の祭と除酵祭、七週の祭、仮庵祭)。加えて、多大な布施・賽銭の類が認められる。つまり、神殿とは、その担い手たちにとっては巨大な経済利潤体制だったのである。

ガリラヤという土地

ガリラヤ(Galilaia)はパレスチナの北方の地であり、ガリラヤ湖を中心にして、東西約四〇キロメートル、南北五〇キロメートル弱の地帯をさす。この地はイスラエル王国分裂の後は北王国イスラエルに属していた。しかし紀元前七三三―七三二年のシリア・エフライム戦争(『旧約篇』一三九頁以下参照)で北王国がアッシリアに敗北し、ガリラヤ等の地方がアッシリアの属州の一部になり、加えて七二二/七二一年に北王国が滅亡し果てると、ガリラヤも純粋なユダヤ人の伝統から切り離され、やがて「異邦人どものガリラヤ」(イザ八

23）と蔑称されるに至った。すなわち、数世紀にわたって、当地は――ユダヤ人およびユダヤ教徒がいなかったわけではないにしても――極めて異教的色彩の強い土地であった。しかし紀元前一〇四年に、ハスモン朝の王アリストブロス一世がガリラヤの北方まで遠征し、この地の一定部分を強制的に再ユダヤ教化してからは（『古代誌』一八・三一八、『旧約篇』二六五頁）、いわゆるユダヤ・ハスモン的ユダヤ教が優勢を確立する。それでも、特にガリラヤの下層農民階級にはユダヤのユダヤ教（ファリサイ派、サドカイ派など）には同調しない部分が多く、ユダヤやエルサレムの人々からは依然として軽蔑の対象になっていた。

もっとも、そうであればあるだけ、この地には「後進地帯」独特のユダヤ教精神性も育ったようである。つまり、「先進地帯」からはさげすまれつつも、観念的・行動的には一層ラディカル化したユダヤ教が醸成されるのである。これを試みに「後発者心理」と呼んでおこう（欧米に憧れ、最終的には欧米の製品をその純粋さと徹底性で追い抜く製品を作っていった日本の姿も、同様の心理の現れである）。紀元後四〇年、エルサレムの聖所に自分の像を建てようとしたガイウス帝の決断に身を挺して逆らったのは、主としてガリラヤの自営農民のようである（『古代誌』一八・二六三以下）。また、後代の対ローマ戦争につながる、中央体制への反抗運動の温床がガリラヤ一帯であったことも、偶然ではないであろう。

もう一つの事態は、「荒れ地は一切なし」(『戦記』三・四三)と言われたガリラヤの地の豊饒さである。とくにガリラヤ湖の北西部のゲネサレ平野の肥沃さは有名で、「育たない植物は一つもない」(『戦記』三・五一六)と褒めそやされた。しかし問題は、この地の豊かさがそのまま一般民衆の富に還元されたのではないことであった。つまり、富裕層の土地支配である。

そもそも、ガリラヤの領主のヘロデ・アンティパス自身が——元来セッフォリスの北に大農場を持っていたが——ガリラヤ湖畔にも広大な土地を所有していた。そして時と共に、エルサレムやガリラヤの大都市に住むその他の大土地所有者たちの投機買いが横行し、独立自営農民は徐々に没落し始める。また、ガリラヤの地の肥沃さを聞いて、多くの人口が周囲から流入してきたため(『戦記』三・四二)、イエス時代頃の人口はパレスチナの半分ほどに迫る二十万人くらいまでふくれあがったとすら言われている。当然ながら日雇いの労働者数が増して行く。そしてさらに、イエスの時代なら領主ヘロデ・アンティパスが課した重税が加わる。地租、人頭税、売上税、市場税、漁業税の類である。公に認められただけでも、このアンティパスの税金年収は二百タラントン(一タラントンは六千ドラクメ、すなわち労働者の一日の賃金の六千倍)に上ったというが、実際の収入はうかがい知れない。

こうしてイエス時代、およびその前後のガリラヤの一般民衆は、宗教的に差別されると同時に、経済的にも搾取の対象とされていたのが実状であった。

第二節　イエス

誕生の時と場所

ガリラヤのナザレ村のイエス(Iesus)は、こうした背景のもとに誕生した。それがいつであったかは、もはや正確には分からない。紀元元年ではない。それは六世紀のローマ修道僧、ディオニュシウス・エクシグウス(Dionysius Exiguus)が自らの信ずるところに従って算定したに過ぎない。イエスの誕生は、ルカによる福音書一章5節からすればヘロデの生前、マタイによる福音書二章によればヘロデの治世の末期ごろ、すなわち紀元前四年に近い頃となる。また同じくマタイ二章には、「東方の博士たち」が輝く星を頼りにユダヤに来た次第が書かれている。これが何らかの史実を反映しているならば、最近のコンピューター・シミュレーションによれば、紀元前六年のこととなる。つまり、この年の五月のある朝の日の出頃、東の空で、木星と金星がほぼ一つに接し、異彩を放って見えたはずだという。もっとも、この「星」の登場が本当にイエスの誕生と同時であったという保証は、全くない。

他方、ルカによる福音書を見ると、イエスが生まれたのはクィリニウスがシリアの総督の時に行なった最初の戸口調査の時とされている(二2)。これは、資料によれば、ユダヤがアルケラオスの支配からローマの直接支配に移った紀元後六年のことである。ただしルカが戸口調査の年代を誤った、あるいは意図的に移動させたことは十分有り得る。そもそもユダヤにおけるこの戸口調査が「全世界の戸口調査」(ルカ二1)とされ、ユダヤからかなり離れたガリラヤ(ヘロデ・アンティパスの領地)に住むヨセフ一家にまで及んだと言われるのも、理解が困難である。とすれば、結局のところイエスの誕生は、紀元前四年ないしそれ以前の何年かの間であったと想定できるであろう。

イエス誕生の場所はマタイとルカがベツレヘムを挙げているものの、これはメシアはダビデの末裔としてベツレヘムから出てこなくてはならないという、いわばメシア・イデオロギーに基づいている疑いがある(マタ二5―6、ミカ五1参照)。とすると、誕生地は成育地と同じく、ガリラヤ地方の村ナザレである可能性が高い。したがってイエスは、ナザレを故郷とする「大工」――すなわち木材(場合によっては石材)加工業者――ヨセフ家の長子として誕生した、と想定される。

家族構成

マルコ六章3節の伝承からすると、イエスには「ヤコブ、ユダ、ヨセ、シモン」の四人の弟と、「姉妹たち」とがいた。つまり、最低六人の弟妹がいたことになる。当時においてはしかし、極端に大きな家族というわけではない。イエスはこの時代の手工業者家族の常として、数歳にして父ヨセフの職業的薫陶を受けたものと思われる。そして「バル・ミツヴァ」(直訳すると「誡めの子」)といわれる十三歳の成人年齢に達する頃には、ひとかどの大工になり得ていたはずである。もっともその後程なくして、彼の父は他界したのではないかと思われるふしがある。なお、当時の大工を最底辺の貧農と等置する説があるが、おそらく当たらない。木材等を加工する職業は技能職の部類に属し、ただの肉体力を売るだけの者と同等の社会的位置であったとは思われない。

また、イエス伝承に垣間見られる聖書の知識からして、おそらく彼は定期的にシナゴーグに通っていたはずである。また当時の常識からして、二十歳前に結婚したかも知れない。もっとも後日活動を始めるときには、私たちは彼の妻のことは全く聞くことがない。また彼は、若いときから大工としてガリラヤ全土をくまなく歩いたであろう。そこで彼は、私たちがすでに述べたようなガリラヤの状況に由来する民衆の苦悩をつぶさに見聞きしたはずである。この事実が、彼が後年公に活動を開始するとき貴重な体験知となっていたと同時に、彼の活動を心理的に動機づける源となっていたであろうと想定される。

浸礼者《バプテイスマの》ヨハネの活動

ナザレ村のイエスの運動の嚆矢は、浸礼者《バプテイスマの》ヨハネ(Ioannes)の登場である。それはルカによれば「皇帝ティベリウス在位の第十五年」(三1)すなわち(数え方に若干の相違があるとしてもほぼ)紀元後二八年である。季節は、ヨハネの言葉に収穫の譬えが多いことからして(ルカ三9、17など)、春から夏にかけての時期かも知れない。彼は、すぐにでも到来する終末の審判者、「来るべき者」(マタイ三11など)を告知した。その現実を目の前にした今の限られた時間は、いわば危機的な「モラトリウム」(猶予)の時間である。今にも到来するこの絶滅審判から逃れ得る唯一の道は、ヨハネによればただ決定的かつ実質的な「回心」であり、その秘蹟的保証としてヨルダン川の流水による一回限りの「バプティスマ」(直訳すれば「浸礼」、水の中に沈めること、「洗礼」とも言う)を提供した。そうすることによってのみ、罪が赦され、救われるというのである。

したがってこの行為は、彼の周辺の者たちにより、「罪の赦しに至る回心の浸礼《バプテイスマ》」(マコ一4)と定義づけられた。しかしながら、「罪の赦し」とは、当時のユダヤ教において公にはエルサレム神殿祭儀における祭司たちの仲介を通してのみ与えられたものである。このことを考えると、ヨハネのこの行動は、エルサレム神殿を向こうに回した、きわめて挑戦的な行為であることが分かる。そもそも神殿祭儀に与るには神殿に赴かねばならず、例えばガリラヤなどに住む者にとってはこの行為は最短でも十日の時間を要求する。そうであれば、貧民、とりわけ日雇い労働者などにはかなわぬ行為であろう。また身体障害者や律法を日頃遵守していない(あるいはしたくともできない状況や職業についている)「罪《つみ》人《びと》」たちには、そもそも神殿の門戸は閉ざされたも同然であった。そうであればなおのこと、ヨハネの運動は、とりわけこのような人々に大きな牽引力を持ったであろうことは容易に想像できる。当時、終末意識が民衆の間に浸透していたのであればなおさらである。つまり、ヨハネの運動は、終末論的・反神殿的カリスマ運動であったと想定できよう。

しかし、ガリラヤの為政者ヘロデ・アンティパスは、ヨハネのところに群がる人々によって反乱が勃発することを恐れ、おそらく同時にヘロディアとの結婚をヨハネに責められたこと(マコ六18)に一層反感をあおられ、ヨハネを捕えてマカエロス(マケルス)の要塞に幽閉し、果ては処刑してしまった。おそらく、同じく紀元二八年のことであろうと思われる(ただし、ヨハネの弟子たちはこの後、少なくとも一世紀の末までは独自の浸礼教団として存続した)。

イエスのバプテイスマ・転機・活動開始

ナザレの木材加工業者イエスは、このヨハネの登場を人づてに聞いた。それが彼のいわば第一回目の転機を誘発する。彼は、一家の大黒柱であったにもかかわらず、一大決心をして母と弟妹たちと故郷を棄て、ヨハネのもとに来た。これは人間的に見れば、極めて重い決断である。そこでイエスはヨハネの前で己の「罪」の告白をし、彼から浸礼《バプテイスマ》を受け、その弟子になったものと思われる(マコ一9―11)。加えて彼は、ヨハネの許に留まっている間、少なくともその言葉遣いやその歴史終末観、および審判者観等をも受容したと考えられる。

もっとも、後年の伝承の中では、イエスが浸礼《バプテイスマ》を受けたということは大問題になった。それは正直に理解すれば、イエスがヨハネの弟子になったことを意味し、同時に、イエスが罪の告白をしたことになってしまい、イエス神格化の途上にあった時代の初期キリスト教者たちにとっては極めて都合が悪かったからである。そのために、イエスがヨハネの許に来たことを何とかして合理化しようとしたり(マタイ三14―15)、あるいは浸礼《バプテイスマ》に際してヨハネの名前を削除したり(ルカ三21)、果てはイエスが浸礼《バプテイスマ》を受けた事実すら言及せずに済ますようになった(ヨハ一29以下)。しかしそのような傾向が確認できればできるほど、イエスが罪の告白をして浸礼者《バプテイスマの》ヨハネから浸礼《バプテイスマ》を受けた事実は、ますます確実になるだけである。

さて、ヨハネがヘロデ・アンティパスの弾圧策の故に人々の前から姿を消し、かつ処刑された直後、イエスに第二回目の転機が訪れたと思われる。それは一つの飛躍であって、その結果、イエスは明らかに師とは違った次元に据えられたと理解し、独自の運動を開始するに至った(マコ一14―15)。ヨハネは荒野にいる自分の許へ人々を集めたが、イエスは逆に自ら町や村にいる人々のところへ赴いた。浸礼《バプティスマ》ももはや行なわなかった。ヨハネが説いた終末の時がすでに始まったと理解したのであろう。たしかにイエスには、ヨハネ直系の終末到来への予感が保持されており、その意味では前述の「モラトリウム」はまだ破棄されてはいない。しかし同時に、その終末点で初めて実現するはずの「至福」がすでに実現を開始しており、それはやがて来る次の世にまで連なっている、と自覚したものと思われる。

この「至福」とは、一つの宗教的直覚であり、また一種の熱狂的情熱である(少なからぬ人々が、彼は発狂したと思ったという、マコ三21)。それは、独特の共生的コミュニティへのヴィジョンを特徴とし、人間の間の差別的要素のラディカルな止揚を標榜している。いわば「カーニバル」的な、諸価値の根源的転換の歓喜とも言えるものである。その中核をイエスは「神の王国(あるいは「神の支配」と訳す)」と表現した。

「神の王国」とは、「神の」という修飾語に独自の意味がある。つまり、不義と差別を生む人間の王国でなく、それをはるか超えた神の王国ということである。この「神の王国」が「近づいた」あるいは「到来した」というメッセージをもって、イエスはガリラヤに再登場したのである。ガリラヤとは、確かに彼の故郷ではあるが、それ以上に、彼の師ヨハネを殺害したヘロデ・アンティパスの支配する領地である。さらには、イエスが活動の中心としたガリラヤ湖周辺には、このアンティパスの居城・首都ティベリアスがある。つまり、「神の王国」とその非差別・無条件共生のメッセージをもったイエスのガリラヤ活動開始は、ヨハネ殺しのヘロデ・アンティパスへの根源的な批判と挑戦の始まりでもあったのである。

イエスの活動

こうした使信(メッセージ)と熱狂的パトスを伴ったイエスの活動は、極めて大胆な言動を生み、社会観念の枷《かせ》や桎梏《しっこく》を砕いて人に迫ったために、ガリラヤの民の大部分である貧民・没落階級の広範な支持を得た。それは、ヨハネを支持した人々と類似の社会層に何よりも好意的に迎えられたということである。さらに、イエスが社会の差別システムを否定したということは、それにまつわるユダヤ教の聖別システムとその根源にあるエルサレム神殿体制への批判を内包しているということである。ここに、かつてのヨハネに見られた反神殿体制の方向性がイエスにも再確認できることになる。

さらには、イエスの自由な批判的言動は、一部はエリート階級にも食い込む支持を見出した可能性もある。そうした広範な支持者・同調者の中には、イエスを「メシア」的存在と理解し、生活や家族を放擲《ほうてき》してまで彼と共に放浪の生活を送り、その宣教伝道の活動に参与する人々――やがて「弟子たち」と言われる彼の同志たち――も出て来た(ルカ九57以下など)。

また彼には、「病を癒す」力があるとされ、これが人々の興奮をいやが上にも増幅させた。とりわけ、「悪霊に憑かれた者」を代表とする精神神経的疾患(これ自体、社会的抑圧機構の犠牲者層に頻発することが分かっている)や、「レプロス」という、社会で最も忌み嫌われ、差別・抹殺された病者(日本でのハンセン病者の宿命に相当する)が癒されたという報告が注目される(マコ一23以下、一40以下、九14以下など多数)。これらにおいて重要なことは、こうした重症の病におかされるということが当時のユダヤ社会では自分ないしは家族の「罪」の故であるとされ、差別と排除の対象になったという事実である。

イエスがこれらの人々を癒したという場合、それはまず、彼がこうした人々に接近し、彼らと触れ合い、彼らを無条件で受容したことを意味する。そのことは結局、「罪」として差別と排除を合理化し、固定化しようとする社会体制への批判として作用する。また、その病が癒されたとなれば、それはその背景にある「罪」そのものへ赦しが——エルサレム神殿ではなく——イエスを通して神から与えられたと理解されていくために、神殿体制の支配的イデオロギーを転覆させる方向性を持っていた。こうして、イエスへの驚嘆と感動は、ガリラヤの内外に、少なくとも一時期、強烈なセンセーションを巻き起こしたであろうことが想定される。

イエスへの敵対

しかしこの事態は他方、政治的支配者(ヘロデ・アンティパス)や、律法遵守の生活に自らの聖なる指針を見ている者たち、および現体制を維持することに社会的・経済的利害が直接掛かっている者たちの激しい反発を招いた。領主ヘロデ・アンティパスもイエス殺害を謀《たばか》った(ルカ一三31)。

こうした対立の顕在化する中、イエスは紀元三〇年春の過越祭《すぎこしさい》を目指して、エルサレムに上った。過越祭と言えば、出エジプトの国民的救済を記念する大祭である。したがってイエスの上京は、彼が決定的な、終末論的・救済史的事件を間近に期待していたことを思わせる。そして同時に、その背景のもと、彼はおそらくは神殿体制の維持者たちへ向けて最後的な「回心」を要求をする意図だったのであろう。この異様な決意をにじませる彼の上京の様を、福音書記者マルコは次のような映像で描写している。

「さて、彼はエルサレムへ上る途上にあった。そしてイエスが先頭に立って進んだので、彼らは肝をつぶし、従う者たちは恐れた」(一〇32)

こうして上京したイエスを、多くの群衆が興奮のうちに迎え囲んだ。案の定イエスは、そうした群衆の支持を背後にして現行神殿の機能を否定する象徴的示威行動を行ない(マコ一一15—19)、また神殿の崩壊予告を公にした(マコ一三1—2)。イエスの囲りは、おそらく緊迫した雰囲気のうちにあった。祭司長たちを主体とする神殿勢力は、これに対してなおのこと危機感をつのらせ、イエスを亡きものにしようと計った。彼らは、イエスにまとわりつく群衆の動きに反乱の危険を嗅ぎ取ったローマ軍の援助を得、過越の祭の前夜、オリーブ山の中腹の「ゲツセマネ」(「油絞り場」の意)の園においてイエスを捕縛することに成功した(マコ一四43—52、ヨハ一八1—11)。

イエスの死

逮捕に先立ち、イエスは「十二人」とともに最後の食事をした(マコ一四17—25)。これがいわゆる「最後の晩餐」である。そしてこの席上、イエスはおそらく自分の迫り来る死を予感していたらしい。なお、「十二人」を——多くはこれに「弟子」をつけて「十二弟子」という(「十二使徒」という言い方は、福音書記者ルカの造語)――現在の福音書のように、イエスの活動の初期にイエスに指名されたと見ることは(マコ三16―19)、歴史的には疑問がある。私見では、「十二人」の指名はイエスの活動の最終局面、場合によってはこの最後の食事の席であった可能性がある。彼らは新しい「神の王国」における十二のイスラエル部族を象徴的に表すはずであった。

食事の後、「ゲッセマネ」の園に赴いたイエスは、突然周囲にも明らかなほど異様な苦しみに襲われ、凄絶な祈りの淵に沈んだと伝承は伝える(マコ一四32―42、ヘブ五7参照)。やがてそれを通った後、イエスがどのような世界に突き抜けたかは空想するしかない。少なくともその後のイエスの姿を古い資料で確認する限り、もはや他を非難する言葉や戦闘性はほぼ完全に消えたように思われる。

逮捕の場面では、彼の側近の者たちは当初こそ武力抵抗を試みたが、イエス自身が無抵抗で逮捕されるや、全員は衝撃と失意の余りパニックを起こし、なすすべなく逃げ去ってしまった。こうしてイエスの運動は、速やかに瓦解して果てることになった(マコ一四50)。これに引き続き、大祭司と祭司長たちは非公式にイエスを尋問し、おそらく神殿冒瀆(マコ一一15―18、一四57―58)や律法違反等の罪でイエスを死罪に定めるよう申し合わせた。その後イエスにローマに対する反逆の罪を着せ(ルカ二三2、ヨハ一九12参照)、ローマ総督に引き渡した(ユダヤ当局は、そもそも自ら死刑を執行する権能を剝奪されていたらしい、ヨハ一八31参照)。

総督ピラトゥスはそれを受け、職権審理を行なった後、イエスを他の二人の叛徒と共に、十字架刑という、属州の反ローマ逆賊用の当時最も忌まわしい、処刑方法で殺すことにした。刑場は、見せしめのために、巡礼者の目につきやすい、都の城壁の外にある「ゴルゴタ」(「髑髏《どくろ》」の意)と呼ばれる石切場の一角が選ばれた。過越の祭が夕刻から始まるという(ヨハ一九14)、確かに人の往来も頻繁な日中の処刑であった。イエスは数時間十字架に掛けられていたあと、午後あまり遅くない時間に、意味不明の大声を発して絶命した(マコ一五37)。この時、イエスの同志たちは、大部分がいずこへとなく逃亡したままであった。わずかに二、三人の女たちが、遠方から戦《おのの》きつつこの光景を目撃していたという(マコ一五40―41、なおヨハ一九25参照)。この時点で、この小事件がこれからの世界を決定する一大事になろうとは、誰一人想像しなかった。

第二章　「ユダヤ教イエス派」の活動
（紀元後三〇年頃―四五年頃）

イエス刑死の類《たぐい》の事件は、一般的には歴史から全く忘却されてしまうのが常だったであろう。ところが、イエスの場合、その死後間もなくしてある事態が生じ、その同志たちは独自の宣教内容を持った運動を開始する。そしてそれに続いて、タルソスのパウロが「回心」し、やがてローマ帝国内での異邦人伝道の使徒としての活動を始める。

帝国の方はティベリウスからガイウス、そしてクラウディウスへと帝位が変わり、堅固さが加わった。そしてこれが、イエス派運動が展開していく舞台を提供することになる。パレスチナでは、ヘロデ・アグリッパ一世が、数年の短い間ではあったが全土の王となり、ローマ人の直接支配を防ぐ形になった。しかしその急死と共に、パレスチナには――そしてその中にいたエルサレム教会には――大きな転回が生じようとしていたのである。

第一節　ユダヤ教イエス派をとりまく世界

1　ローマ帝国の堅固化

セイアヌスの没落

近衛軍司令官のセイアヌス(Seianus)がいかにして政権を掌握し、その横暴の絶頂に達したかは第一章で述べた。ローマ市には彼の像が建てられ、カエサル家系の者と同じ栄誉が与えられた。ティベリウスも彼を執政官に任命し、共同統治者とした。セイアヌスはさらに、ティベリウスの孫ユリアとの結婚を所望し、護民官職を狙った。そうすればセイアヌスには帝位への請求権が生ずるはずである。彼は最後にティベリウスの命すら奪おうとしたふしがある。しかしティベリウスは、すでにセイアヌスの野望を知っていた。自分の子の小ドルススが実はセイアヌスに殺されたことも、この頃までには突き止めていた。

ただ、間近の者にすら信用を置けなくなっていたティベリウスは、意を秘して慎重に時期を狙っていたのである。しかし紀元後三一年十月十七日、時節到来と見るや、ティベリウスは親書をある腹心の者に託して元老院に送り、セイアヌスをその日のうちに斬首刑に処してしまった。セイアヌスの像は破壊され、彼の死体は市民に凌辱されてティベル川へ投げ捨てられた。その後、セイアヌス派の徹底した粛清が続いた。

ティベリウスの恐怖政治

やがて訪れたのは陰惨な恐怖政治である。猜疑心をあおられたティベリウスは反逆取締法を執行し、その結果裁判と処刑が絶え間なく繰り返された。元老院は彼の出先機関でしかなかった。議員たち自身が、どこに潜むとも分からぬ密告者の影に怯え切っていた。

「……告発する人が、他人か身内か、親友か未知の人か、誰にもわからなかったし、告発される材料が、新しいか、古くて忘れたものか、その見当もつかなかった。ある者は自己を弁護するため、大部分の者は伝染病に罹ったように、誰も彼も、相手の機先を制して被告を見定めようとあせるとき、広場であれ、会食であれ、話されたことはどんな内容でも、すぐそれを告発の材料にしていた……」（タキトゥス『年代記』六・七、國原吉之助訳、岩波文庫所収）

この陰鬱な空気の中で、ティベリウスは紀元後三七年三月十六日、七十八歳で息を引き取った。彼の死は、周りの者すべてに並々ならぬ安堵感を与えた。

施政家としてのティベリウスは、公正の原則に基づき、属州支配を合理的に再編した人物である。これによって、ローマ帝国の支配は堅固さを確保し、これ以後の支配への揺るぎない土台を手に入れた。しかしこれは他面、ローマの貴族階級から属州において私用に搾取する機会を奪ってしまうことになり、実は不人気を買った。その他ティベリウスは質素を基本にし、公共経費などを削減すると共に食料供給や治水工事などにも尽力した。しかし民衆の間では、不運にも人気を得ることができなかった。

ガイウス帝の狂気

ティベリウスの後を継いだのは、ゲルマニクスと大アグリッピナ(本書九頁参照)の子ガイウス(Gaius, 在位紀元後三七―四一年)である。彼をしばしば「カリグラ」(Caligula)と呼ぶが、これは軍靴スタイルの幼児靴を意味する。それは彼が幼少の頃、父ゲルマニクスに伴われてライン地方にいた時に軍隊から与えられた愛称であった。彼は初めはこれまでのティベリウスの暗い雰囲気を追い払い、穀物の無償配給や政治犯の釈放等、人心を迎える政策を施した。しかし即位して七カ月後に重病に襲われ、いったん回復はしたものの、先天的な精神異常が顕在化し、険悪化するに至った(『古代誌』一八・二五六参照)。彼は、戦争の栄光を欲しがりゲルマニアに軍を進めたが、別段の功績を挙げることはできなかった。さらに彼は、自分が現人神《あらひとがみ》であるという妄想に取り付かれ、自らへの礼拝を要求し出した。

その頃、アレクサンドリア在住のユダヤ人に対する政策緩和を求めて、同市からユダヤ人代表団がローマに到着した。一行の代表者が有名な哲学者のフィロン(Philon, 紀元前一五／一〇―紀元後四五年頃)である。彼らはガイウス帝と会見したが、聞かれずじまいであった(フィロン『ガイウスへの遣使』、また『古代誌』一八・二五九以下参照)。

この時点で実は、ユリウス・カエサル以来、ローマの皇帝とユダヤ人の間の友好的関係に初めて亀裂が生じたのである。自己への礼拝を求めるガイウスの狂気はまた、エルサレムをも襲った。すなわち彼は、ヤブネにおいてユダヤ人が皇帝礼拝用の祭壇を破壊したことへの復讐として、こともあろうにエルサレムに自らの黄金像を建てるように要求したのである。

この命令を実行すべく、シリアの総督のP・ペトロニウス(Petronius, 在職紀元後三九―四二年)は南下するが、プトレマイスでユダヤ人――とりわけガリラヤの独立自営農民――の直訴団に阻まれた。その後彼はさらにガリラヤのティベリアスに至るが、ここでも直訴団が彼を待ち受けていた。彼らとの交渉は四十―五十日にも及んだ。とうとうペトロニウスは折れ、ガイウス帝に命令の撤回を提言する手紙を書いた。他方、ローマにあっては、当局と繫がりの深いヘロデ・アグリッパ一世(Herodes Agrippas I, 紀元前一〇―紀元後四四年)がガイウスと面談、説得に成功したらしい。

しかしそこにペトロニウスの手紙が届き、それを読んだガイウスは激怒する。彼はペトロニウスの不従順に死をもって報いる手紙を書くが、それがペトロニウスの手元に着く前に、ガイウスはエジプトで暗殺されてしまった(『古代誌』一八・二六一―三〇九)。彼の近衛軍の一将校およびその一派が手を下したのである。紀元後四一年一月のことであった(『古代誌』一九・一四―一一四)。

クラウディウス帝の統治

ガイウスが死んだ後、元老院は共和政の復活を検討していたが、その間に近衛軍がティベリウスの甥でガイウスの叔父のクラウディウス(Claudius)を帝位に推した(在位紀元後四一―五一年)。両者の間を取りもったのはヘロデ・アグリッパである。そのためにアグリッパは、クラウディウスの即位後、ユダヤとサマリアの領地を安堵された。

クラウディウスは帝位についた時すでに五十歳を過ぎていた。彼は妻たちとの関係では常に惨めに抑え込まれるか、裏をかかされ続けたが、行政的にはその知恵と手腕を発揮した。この彼を事実上補佐したのは、数人の解放奴隷たち(本書七七頁参照)であった(皇帝金庫長官パラス、文書起草官ナルキッスス、嘆願受理官カリストゥスら)。そうした彼らを中心に、クラウディウスは官僚的統治を組織し促進させたのである。そのため、皇帝金庫や直轄総督制、穀物分配、郵便制度等が定着し、帝国の基礎はいっそう堅固になった。

また彼は属州統治に多大の関心を向けた。ブリタニアには紀元後四三年A・プラウティウス(Plautius)を派遣し、南イングランドを征服させ、属州ブリタニアとした。それに伴い、紀元後四三年頃から、ロンディニウム(Londinium, 後のロンドン)の植民が始まった。四四年はクラウディウス帝自身がブリタニアに渡って戦い(もっとも、渡るのに六カ月かかり、戦ったのはただの十六日だけであったが)、戦勝記念を行なっている。ただし、実際のブリタニア戦は四七年頃まで続いた。なお、紀元後四三年、リキアとパンフィリア(トルコ半島中南部の地中海沿いの地方)がローマ属州として加えられた。

2　流動化するパレスチナ

フィリッポスの死

ヘロデの所領のうち、北トランス・ヨルダンを譲り受けたフィリッポスは紀元後三四年に死んだ。その後彼の領地は、一時ローマによって属州シリアに併合されたが、やがて紀元後三七年頃、ヘロデ大王(およびマリアンメ一世)の孫のヘロデ・アグリッパ一世に付与された。

ヘロデ・アンティパスの没落

ヘロデ・アンティパスが、ナバテア王国のアレタス王と交戦状態に入り、紀元後三六年頃敗北したことはすでに述べた(本書二三頁)。興味あることは、この事件が多くのユダヤ人にとっては、アンティパスがヨハネを処刑したことに対する神の意志に基づく復讐と映ったことである(『古代誌』一八・一一六、一一九)。日本式に言えばヨハネの祟りということになる。

アンティパスはこの敗戦をティベリウス帝に訴えた。怒ったティベリウスはシリア総督L・ウィテリウスにアレタス討伐を命じるが、その間にティベリウス帝が死んでしまい、ウィテリウスはシリアに引き揚げた。ティベリウスの死は同時に、ヘロデ・アンティパスの命運が尽きたことをも意味した。彼の妻ヘロディアは、ヘロデ・アグリッパが王となって北トランス・ヨルダンを手に入れたことに甚だしく嫉妬し、夫を教唆《きょうさ》して新皇帝ガイウスに取り入るべくローマへ向かわせた。しかしすでにアグリッパに好意を示していたガイウスは、アグリッパの訴えもあって、アンティパスがパルティア人と結んで反逆を計画していることを疑い、逆に彼をその妻ヘロディアと共にガリア(ないしスペイン)に追放してしまった。彼らの財産と所領はアグリッパに与えられた(三九年)。彼らはその流刑地で果てた(『戦記』二・一八一―一八三、『古代誌』一八・二四〇―二五五)。

ピラトゥス失脚

ユダヤでは、総督ポンティウス・ピラトゥスの支配が続いていた。彼がイエスを処刑した(三〇年頃)後、彼の頭分であるセイアヌスが失脚したが(三一年)、彼本来の横暴性は簡単には萎縮しなかった。彼は三五年頃、ゲリジム山に上ろうとしていたサマリア人たちを騎兵と歩兵を用いて多数虐殺し、逮捕した者らの首謀者たちを処刑した。もっともこれは、あるサマリア人が、ゲリジム山にモーセが隠した聖なる器を見せると人々に約束した、すなわち自らが終末的救済者であると宣伝したために、ピラトゥスは反逆を嗅ぎ取り、先手を打って鎮圧したのである。

しかしこれがピラトゥスの運の尽きであった。サマリア人たちは、このピラトゥスの武力弾圧をシリア総督ウィテリウスに訴えた。そこでウィテリウスはピラトゥスに命じ、皇帝に釈明をするため、ローマに行かせた。そしてピラトゥスの代わりに、(代理)総督のマルケルス(Marcellus, 在職三六—三七年)をユダヤに送った。ピラトゥスは失脚した(『古代誌』一八・八五—八九)。

ヘロデ・アグリッパ一世

ここでヘロデ・アグリッパ一世についてまとめて述べよう。彼は、ヘロデとその妻の一人、ハスモン家のマリアンメ一世との間の子アリストブロス(紀元前七年処刑)を父とする。彼は幼少の頃よりローマに送られ、ティベリウスの子ドルススと共に育てられた(『古代誌』一八・一四三)。さらには後の皇帝のガイウスの親友となり、その関係で、フィリッポスが死んでしばらくした時、ガイウス帝から北トランス・ヨルダンを譲り受け、王の称号を許された(紀元後三七年頃)。

その後アグリッパはヘロデ・アンティパスの領地すなわちガリラヤとペレアをも与えられた(三九年)。さらに彼は、紀元後四一年、ローマでガイウス帝の後をめぐって元老院と近衛軍が対立した時、両者間の仲介を勤め、クラウディウスが帝位に就くのを助けた。そのため彼は、クラウディウス帝より、ユダヤとサマリアを与えられた。こうしてユダヤに対する帝国の属州支配が停止し、かつてのヘロデ大王の領地とほぼ同じ規模の国土に王として君臨することになった。

アグリッパはまた――エルサレム・ユダヤ人を喜ばすためか――エルサレムの第三城壁の建設を計画し、その土台を築いたが、シリア総督のマルスス(Marsus, 在職四二―四四年)がクラウディウス帝にこの工事について報告したため、反逆の可能性を恐れた皇帝は、アグリッパにその停止を命じた。この城壁は、完成されておれば、「人力では破壊不可能なほど堅固」な防壁になったろうと言われる(『古代誌』一九・三二六―三二七)。なおこの城壁はユダヤ戦争開始後の六六年、急いで完成させられた(『戦記』五・一五二)。

彼の統治の重要な土台は、ローマの皇帝および高官たちとの知己関係であった。また彼は、ユダヤ人に対してはハスモン家の後継者として通じたし、自らもユダヤ人の評価と歓心を得ようと極力努めた。エルサレムの住人の前では、律法も忠実に守った。事実、この数年間は、ユダヤは表面上は平穏であった。

しかしアグリッパは紀元後四四年、カイサリアで観劇の最中、急性腹膜炎の如き病に襲われ、五日間の苦しみのあげく、命を落としてしまった(『古代誌』一九・三四三―三五二)。その後ユダヤは再びローマの属州となり、総督にC・ファドゥス(Fadus, 在職四四―四六年)が任命された。また、この時点からユダヤ総督は「プロクラートル」(procurator、管理官)と呼ばれ始めたらしい。いずれにせよユダヤはこの頃から徐々に、しかし確実に、滅亡への道を歩み始めるのである。

ユダヤ不穏化へ

ファドゥスによる短期間の治世は、表向きは穏かに見えたが(『戦記』二・二二〇)、その背後では問題が再び燻《くすぶ》り出した。東ヨルダンでは、この地のユダヤ人がフィラデルフィアの住民と境界問題をめぐって衝突する事件があった。ファドゥスはこれに武力介入している(『古代誌』二〇・二—四)。また、テウダ(Theudas)と名乗る者が登場し、自らを再来のモーセないしヨシュア的預言者と見なし、ヨルダン川を二つに割って人を渡らすと公言して多数の群衆を集結した。ファドゥスは彼らの群れを騎兵隊で急襲し、殺戮と捕縛によって運動を壊滅させた。テウダ自身も捕らえられ斬首された(『古代誌』二〇・九七—九九、使五36)。一つのカリスマ的メシア運動の挫折である。またこれ以外にもイドマヤやユダヤにおいて「盗賊」が一掃されたと言われるが(『古代誌』二〇・五)、これは反体制的傾向の騒擾《そうじょう》でもあった可能性がある。

またファドゥスは、ユダヤ人に対する総督の監察を強めるため、大祭司の礼服を(アグリッパ時代以前と同じように)再びローマ人の管轄に置こうとしたが、ユダヤ人が皇帝クラウディウスに直訴するに及んで、この目論見は実現を阻まれた(『古代誌』二〇・六—一四)。また皇帝は、大祭司の任命権、それにエルサレム神殿とその財宝の管理権を、レバノン峡谷の町カルキスを統治していた、アグリッパ一世の兄のヘロデに与えた(四五年、『古代誌』二〇・一五)。

第二節　ユダヤ教イエス派

1　エルサレム原始教会

発生

ユダヤ教イエス派の運動は、こうした諸事件の錯綜する中で再燃した。ナザレのイエスが十字架上で処刑された数日後、すなわち紀元後三〇年春の過越祭の直後、彼についてエルサレムまで登った後、絶望の中でちりぢりになっていたイエスの同志たちに異変が生じた。彼らにイエスが「現われた」(Iコリ一五4以下のパウロが引用している伝承参照)。つまり殺されたイエスが不可思議な形で「生きている」ことを彼らは体験したという。このいわば一つの神秘体験を初めて持ったのは、男のペトロや女のマグダラのマリヤである。

その後この特殊な体験は一定の連鎖反応を生んだ。それは程なくして「五百人以上の兄弟たちに同時に」(Iコリ一五6)体験されたとまで——おそらく過大に誇張して——言われる。こうした「顕現」事件の(最初の?)重要な場所の一つがガリラヤであることは否定できないが(マコ一四28、一六7、マタ二八16―20、ヨハ二一)、エルサレムとその近郊を全く排除することもできない(マタ二八9―10、ルカ二四13―53)。

ほぼ確実なのは、この幾人かの体験とその報知とが、イエスの運命の活発な解釈活動を誘発したことである。そのうちの代表的なものが、「神はイエスを死から起こした」(ロマ一〇9、使二24その他頻出する伝承定式)と解するものであった。これがいわゆる「復活」表象の濫觴《らんしょう》である。そして、彼らはこれを、自分たちがイエスを裏切ったことへの赦しとも理解したのである。この体験とその解釈の一連の事件――これを「イースター事件」と呼びたい――とは、絶望の中にあった者たちを、文字通り甦らせたのである(研究者の中には、最古の核としてこうした体験のレベルを想定することに否定的な者もあるが、かえって説得力を減ずるように思う)。

彼らはやがてエルサレムに集結し、ここに「エルサレム原始教会」が立ち上がる。エルサレムに集まった第一義的理由は、ここがイスラエルの聖地であり、終末史はここから始まると考えられたことに依る。また同時に、彼らには、エルサレムに彼らを連れて上って来たイエスの衣鉢《いはつ》を受け継ぐ意図もあったであろう。心理学的に見れば、彼らはそのように結合することにより、自らがイエスを裏切って棄て、死に就かせた負い目を担いながら、彼への「喪の作業」(S・フロイト)を開始したのである。

イースター事件を通っただけでは、おそらくイエスの死の衝撃が真に内的に解決することはなかったのであろう。むしろイースター事件に支えられて初めて、真剣な「喪の作業」が始まったと見ることができる。イエスを「メシア」(「油塗られたる者」の意で、イスラエルの救い主を表わす。ギリシャ語で「キリスト」)と告白することや、「私たちの(罪の)ために」という定式の誕生、およびイエス受難の物語の最古形(マルコ一四―一五章に編集されている)の成立は、おそらくこうした喪の作業的行為に心理的な「座」がある。

この原始教会の当初の担い手は、「十二人」であった。この「十二人」の輪から最初に脱落したのは、おそらくイスカリオテのユダであろう。彼がイエスの処刑以前に縊れて果てたとするのは、マタイ的伝説であるが(マタ二七5)、使徒行伝の記述に従っても、ユダはかなり早い時点で急死したようである(使一18)。それがいつかは分からない。いずれにせよ、使徒行伝によれば、マティアなる人物がその後釜に任命され、「十二人」体制が維持されたという(使一26)。

ただし、教会といっても、現在のような教会堂を連想するのは当たらない。最初期はほぼすべての教会が、また紀元三世紀に至るまでは少なからぬ教会が家庭に座を持つ、いわゆる「家の教会」(〔英〕house church)であった。エルサレムではマルコと呼ばれるヨハネの母マリヤの家が名高い(使一二12)。これらの「家の教会」がいくつか集まって例えば

「エルサレム教会」というまとまりを形成していたと思われる。

エルサレム教会の分裂

しかし、エルサレム教会にはやがて大きな転機が訪れる。時が経つにつれて、これまでの「十二人」に導かれた人たちとは別傾向の人々が目立って来た。ディアスポラ出身の、ギリシャ語を話し、ヘレニズム的生活を営むいわゆる「ヘレニスタイ」と呼ばれる人々である。彼らは福音の捉え方がよりラディカルで、律法批判・神殿批判にまで及んだらしい。そのためユダヤ教主流派の反発を買い、迫害されるに至った。彼らの指導グループであった「七人」中、筆頭者ステファノ(Stephanos)は民のリンチにあって惨殺され、「ヘレニスタイ」のほとんどはエルサレムから駆逐されてしまった(使六1―八3参照、三二年頃)。

ルカの記述によれば、この後、「七人」の一人のフィリポ(Philippos, フィリッポス)は、サマリアおよび海岸地帯に伝道し、他の者たちは海岸を北上しつつ、フェニキア地方、キプロス島、およびシリアの首都アンティオキアにまで至ったという(使一一19)。異邦人をも視野に入れた積極的な伝道活動は、この彼らをもって嚆矢《こうし》とする。

パウロの「回心」

こうした「ヘレニスタイ」なるイエス派の者たちを、イスラエルの神およびその律法を無視する不倶戴天の敵であるとして迫害していたのが、キリキアのタルソス出身のファリサイ人サウロ(Saulos, ギリシャ名がパウロ Paulos)である。しかしその迫害の過程で——伝承によればダマスコの近郊で——、彼は劇的な体験をし、一転してイエス・キリスト信奉者と化するに至った(使九1以下、三三年頃)。彼のこの事件は、その後のイエス派の発展に決定的な影響を及ぼすものとなった。

これを普通はパウロの「回心」と呼ぶが、必ずしも正しい表現ではない。パウロは決してこれまでとは異なった神あるいは宗教に鞍替えしたのではない。パウロにとっては「神」は全く変わっていない。むしろ、その「神」の全く新しい次元の救いの業《わざ》——すなわちイエスの十字架死——に目が開いたのである。その結果、行動としては、これまで自分が迫害してきた人々と軌を一にするという逆転が生じたのである。

この事件後まもなくしてサウロすなわちパウロは、すでにおそらく伝道の目的で、ダマスコから南下し、ナバテア王国の領域に入った(ガラ一17)。当時ガリラヤ領主ヘロデ・アンティパスと交戦状態にあったらしいナバテアのアレタス王(本書二三頁参照)の当局は、敵国ガリラヤ出身のイエスなる男を救世主と宣伝するパウロを危険人物とでも思ったのか、彼を追い求め、彼がダマスコに帰った後も逮捕しようと試みた。パウロは「籠で城壁をおろされて」脱出したという(使九23―5、IIコリ一一32―33)。要するに、パウロのこの当初の感動に駆られた「伝道」の活動は、余り成功を見なかったと思われる。

その後のパウロ

二、三年後の三五年頃、パウロは(秘かに?)エルサレムに上り、十五日間にわたってエルサレム教会の長のペトロにいわば私的な集中インタヴューを行った。この頃までには同教会に加わっていたイエスの弟のヤコブとも親しく面談した(ガラ一18―19)。これは、キリスト・イエス派運動の根源に自ら連なり、かつイエスに関する事実およびその言葉伝承を直接聞き受けるための訪問だったのであろう。

その後パウロは一時故郷タルソスに帰ったらしいが(使九30、ガラ一21参照)、やがておそらく「ヘレニスタイ」の一人で、アンティオキアで成立した教会の筆頭者バルナバにスカウトされ、同教会に加わるに至った。当地で研鑽と活動を始めたパウロは(使一一25―26、なおガラ一21参照)、以後十年以上にわたりここを本拠地とする。なおこの地で、イエスをキリストと奉じる者たちは、周辺からは「クリスティアノイ」(Christianoi)と呼ばれ始めたと言われるが(使一一26)、これは最近の研究では六〇年代後半の話であって、三〇年代のことではない。しかし、アンティオキア教会がイエス派の一大拠点となって行った事実には変わりがない。

その後のエルサレム教会

やがてエルサレム教会も変貌して行く。おそらく紀元後四〇年になるかならぬかの頃には、それまでの「十二人」による指導体制が解消された。大きな原因の一つは、「十二人」の多くが――あるいは各々放浪の伝道旅行に出たか、あるいはエルサレム教会の路線から離れたか――おそらくもはやエルサレムに定住しなくなったことにあろう。すると「十二人」に替わる体制として、ペトロ、ゼベダイの子らのヤコブとヨハネ、さらにイエスの弟のヤコブの四人から成る指導層が固まったと想定される。

しかしこの四本「柱」(ガラ二9)の体制に四二/四三年頃衝撃が加えられる。パレスチナにおいては努めて敬虔なユダヤ教徒を装ったヘロデ・アグリッパ一世(Herodes Agrippa I)が、エルサレム教会を迫害したためである。迫害した理由は必ずしも明らかではないが、エルサレム原始教会が異邦人にまで門戸を開いたという報知(使徒行伝一〇章のコルネリウス物語の背後の伝承参照)や、当教会から出て行ったアンティオキア教会が過度なまでに開放的な宣教をしている様が知れ渡り、ナショナリスティックな敵意がエルサレム教会に向けられていたからかも知れない。そうであれば、この教会への迫害が民衆を「喜ばした」(使一二3)というのも理解できよう。

いずれにせよ、その迫害の結果ゼベダイの子ヤコブが斬殺された。ペトロも逮捕されるが、奇蹟的に脱出できた(使一二1以下)。こうして「柱」の一本が折られた(ガラ二9の三人の「柱」参照)。組織の再編成を余儀なくされた教会の中では、より律法に厳格で、ユダヤ世界からより摩擦なく受け入れられ、かつイエスの弟としてのカリスマ性も有する「主の兄弟」ヤコブの地位が急速に高まった。他方これと並行してペトロはひとまずアグリッパ一世の目を逃げ延び、後者の死後は多くの時をパレスチナ巡回伝道に費やすようになったらしい(使一二17、ガラ二8)。

エルサレム教会以外でも、ユダヤ教イエス派は徐々に根を張って行く。帝国の首都ローマにも遅くとも四〇年代前半までには、ユダヤ教会堂の内部ないし外縁部分にイエス派の者たちが存在していたらしい。

2 Q伝承集団

エルサレム原始教会およびそこから派生したアンティオキア教会などの「ヘレニスタイ」とは独立して、イエスの語録を中心に伝承したある重要なグループが存在したことはほぼ間違いない(もっとも、この「独立」は相対的なものであって、全くの没交渉を意味しない)。この「語録伝承」は、一般に「Q文書」(〔英〕Q-Document, あるいはQ資料という。Qはドイツ語のQuelle「資料」の頭文字)といわれ、原則的には、マタイ福音書とルカ福音書にのみ共通して現れる言葉(つまり、基本的にはそれらはマルコ福音書に登場しない)を辿っていくことで大部分が再構成されうる。有名なイエスの「幸いだ、貧しい者たち」(ルカ六20およびマタイ五3、なお以下においてはこのような並行箇所は一方の箇所のみをあげ、その後に「並行」と記す)、「思い煩うな」(ルカ一二22以下並行)、「狭き門より入れ」(マタ七13並行)など、人口に膾炙《かいしゃ》した多くの言葉がこの文書に収められており、その範囲は洗礼者《バプテイスマの》ヨハネの言葉(マタイ三7以下並行)から始まって、イエスの終末に関する言葉の集積(ルカ一七23以下並行)付近まで及んでいたと思われる。

この文書がこの形態にまで達したのは、おそらく紀元後六〇年代前半辺りであろうが、この集団の伝承活動の開始は最初期の三〇年代に遡る。その担い手たちは、イエスの言葉を直接聞き得た者たちであるから、その最も近くにいた者たち以外ではあり得ない(いわゆる「十二人」との関係が問われるが、イエスの最側近の者たちは「十二人」に限らないし、さらには「十二人」のグループ自体がかなり早期に解消してしまったことを思えば、人的な重複すらもあり得よう)。彼らは、まず、生前のイエスの衣鉢を継ぎ、その言葉を伝え、その宣教活動を継続した。しかしこのことは同時に、彼らにとっては天に挙げられてそこから霊的に彼らに臨んでいるイエスの意思を貫くことと相即する事態でもあった。時には、そのイエスが彼らにいわば憑依《ひょうい》して言葉を再創造するような現象もあったらしい。

つまり、Qの「イエス語録」は、必ずしもすべて地上のイエスの言葉の集積ではないのである。そうした彼らは、イスラエル伝道の大義のもと、全土を放浪宣教して廻ろうとしたものと思われる(ルカ一〇並行)。同時に、その彼らを定住の視座からサポートし、また人的供給も行なったグループがいたに相違なく、この集団は放浪者・巡回者たちと定住支援グループの二極構造をしていたであろう。しかし、その地理的中心はおそらくガリラヤにあった。

この集団が相対的に独立した伝承圏をなしていたと思われる理由は、その強烈な終末期待、イスラエル宣教への集中(異邦人伝道は考慮外)、イエスへの「人の子」告白(「キリスト」というタイトルは出ない)、そして時と共に深まる伝道の挫折感と「迫害される預言者」という自己理解、イスラエル断罪のモチーフなどである。さらには、Q文書には受難物語が存在せず、また「……の(罪)のために」といういわゆる「贖罪」定式も欠如している点が注目される。「復活」(正確には「起こされること」)という表象も確認できない。こうした点から、現在大部分の研究者が、Q文書の背後に、それを担った独自の集団を想定するのである。

もっとも、Q文書全体を見れば、イエスが――あたかもエリヤ(列五下二9以下)やエノク(創五24)などのように――死を越えて天に挙げられ、今も「生きている」という観念(これを「高挙」という)は揺るぐことなく前提にされている。当初、死を乗り越えたイエスを表象する仕方が、後代の人々の考えるほど一様ではなかったことの証左である。また、Q文書の担い手たちは、エルサレム教会の人々にも増して、地上のイエスの放浪伝道ぶりを模し、死を賭してもその後に従い、その悲劇的な預言者の運命に倣うというエートスが強烈に支配する。つまりここには、エルサレム教会のメンバーとは若干異なるタイプの、しかし同様に思い詰めた「喪の作業」の姿が存在すると思われるのである。

3　前マルコ伝承集団

もう一つ、一定程度の独自性をもって緩やかな伝承圏を形成したと想定されるのは、マルコ福音書のとりわけ「奇蹟物語」伝承を中心的に担った集団の存在である。その核には治癒奇蹟がある。例えば、「レプラ病人の癒し」(マコ一40―45)、「中風患者の癒し」(二1―12)、「穢れた霊に憑かれた男の癒し」(五1―20)、「長血の女の癒し」(五25―34)、「聾啞者の癒し」(七32―37)、「穢れた霊に憑かれた子供の癒し」(九14―29)など、人間の極限的な苦悩状況からの癒しがテーマである。

その際、終末論的意識が欠如していること、多くの場合家族・親族が病者の重要な支え手となっていること、イエスの奇蹟力への信頼が称揚され、癒しの場への大胆な接近が推奨されていること、などを考慮すると、定住の家族的共同体ないしは共同体的連帯が想定できる。また、エルサレム教会に特徴であると思われる「復活」や「贖罪」といった思想、およびQ伝承集団に固有のイスラエル断罪や預言者の運命との自己同化なども確認できない。彼らは当初、おそらくイエス最側近の者たちではなく、元来はイエスに癒された体験を持つ一般民衆ないしは貧困層であったろうと思われる。また、そもそもこれがどの程度「教会」と言えるような結合体であったかも疑わしいままである。ただし、地理的集結域は素材から見てガリラヤかその周辺であろうと思われるので、その点ではQ文書の伝承を継いだ者たちの中心的活動地域と一部重複する地帯に座を占めていた可能性がある。

4　ユダヤ教イエス派の多様性

こうしてみると、最初期のイエス派の運動自体がかなりの多様性を持ったものであったことが見えてくる。何らかの形でナザレのイエスに今なお有効な威力を帰し、その彼に彼らの命運を決する意義を認めるという点では共通していても、それは決して教義的に統一されていたわけでもなく、また組織的に一元化されていたわけでもない。ただ、現在の私たちにとっては、教会の最初期の姿を描写したものとしては福音書記者ルカが理想化して描いた「使徒行伝」しかないので、あたかもエルサレム原始教会とそこから自然展開した運動しかなかったように錯覚してしまうのである。使徒行伝の伝承すら、詳しく観察すれば決して平和的かつ自然な運動の展開を証ししてはおらず、またその他の伝承や文書等を検討してみると、最初期のイエス派の多様な性格と、その複合性故の豊かさが逆に浮上してくるのである。

5　イエスとの連続性と非連続性

そうであれば、これらイエス派の諸運動が、どれだけナザレのイエスの衣鉢を真に継いだものであるかも問われるであろう。実際には、イエスの中にあった強烈な社会的関与への志向とその——熱狂的とも言える——共生ヴィジョンを現実化するエネルギーは、そのままの強度では周りの者たちに引き継がれはしなかったと見てよい。また、エルサレム神殿体制への激しい批判性は、ある程度「ヘレニスタイ」の人々に想定されるが、それ以外はさほど鮮明には出てこない。エルサレム原始教会では、生き延びるためにはむしろ逆に神殿尊重の態度に転じたらしい(使三1以下など)。そしてイエス派の運動の全般にわたって、多かれ少なかれ、イエスその人が彼らの宣教の中心に移行し、「宣教する者〔イエス〕

が宣教される者と化してしまった」(R・ブルトマン)という事態が生じたのである。イエスの積極的な超越化プロセスの開始である。

このことは、エルサレム原始教会にもっとも妥当する。たしかに、彼らがエルサレムに結合した心理学的動機が、イエスを裏切り、一人で死なせてしまった彼らの負い目を償う行為にあることを思えば、このイエスを超越化させる傾向も理解できなくはない。ただ、すでにこの時点で、彼らが衣鉢を継ごうとしたイエスその人が抱いていた関心や使命と、彼ら自身の関心および使命との間に、重大な齟齬が生じていることも見逃してはならない。そしてさらには——宗教学的に見れば——、イエスを超越化することが、「超越」の主体をイエスその人と排他的に同定し、やがてイエス自身の神格化を加速させていく構造をもったプロセスであることも、見すえておかねばならないであろう。

第三章　パウロの伝道活動とパレスチナ・ユダヤ教の滅び

（紀元後四五年頃―七〇年頃）

ローマ帝国では元首がクラウディウスからネロに移行し、後者の常規を逸した愚行と共に帝国の箍《たが》が外れ出す。それがもう一度締め直されるのは、第一次ユダヤ戦争を戦ったウェスパシアヌスが元首になってからである。ユダヤにおいては、反ローマ的騒擾《そうじょう》がほぼ恒常的に見られるようになり、やがてネロ帝の時に壊滅的な対ローマ戦争に突入する。

他方、ユダヤの状況が刻一刻と悪化する中で、ユダヤ教イエス派の急先鋒であった使徒パウロは、その最大の精力を異邦人伝道に費し、やがてエルサレムで逮捕されローマで落命する。その他のイエス派の者たちも、聖地の暗雲が急を告げる中、それぞれ苦渋の決断を迫られることになる。

第一節　イエス派の活動をめぐる世界

1　ローマ帝国のつまづき

クラウディウスの治世

クラウディウス帝(Claudius, 在位紀元後四一―五四年)はその領土拡大策を継続し、四七年にはトラキア(マケドニアと黒海の間の地域)を属州として併合、ドナウ川南域を帝国領とした。ブリタニアでは反乱が起こるが、総督P・オストリウス(Ostorius, 在職四七―五一年)の活躍で鎮圧に成功した。

カエサル家の中ではしかし、乱痴気と専横が絶えなかった。クラウディウス帝の三番目の后のメッサリナ(Messalina)は、夫を完全に尻の下に敷き、不倫の情事の限りを尽くすと共に、その凄まじい権力欲に従い、幾多の人物を恣意のままに死に追いやっていた。やがて彼女は心狂いが昂ずる余り、愛人の貴族シリウスとの結婚を断行し(すでにクラウディウスの妻であるから、二重結婚)、クラウディウスをなきものにしようと謀《たばか》るに及び、解放奴隷のナルキッススの手に落ち、その指揮のもと、紀元四八年に処刑された。

翌四九年クラウディウスは、最も信頼をおいていた解放奴隷のパラスの勧めで、ゲルマニクスの娘の(小)アグリッピナ(Agrippina)と四度目の結婚をする。これは叔父と姪の結婚で、一種の近親相姦であったが、世間をねじ伏せる形で強行された。こうなると天下は徐々にアグリッピナのものとなってゆく。その翌年、まずアグリッピナは息子であるネロ(Nero)を、クラウディウスにせがんで養子にさせ、やがてはクラウディウスの実の子(メッサリナとの間の子)ブリタニクス(Britannicus)の上位に据えさせた。さらにはそのネロにクラウディウスの娘でブリタニクスの姉のオクタウィア(Octavia)を嫁がせた。また哲人セネカ(Seneca)を起用し、まだ十二歳のネロの教育係に当てさせた。加えて彼女は自らを「アウグスタ」と呼ばせ、その権力を異常なまでに肥え太らせ、同時に将来わが子ネロを皇帝の座に就けるその目論見に逆らう者は、徹底的に排除・粛清した。

新約時代史と直接関係する事件としては、四九年頃、皇帝クラウディウスがユダヤ人の一部を「騒擾」(tumultuor)の理由でローマから追放した事件がある(使一八2参照)。

解放奴隷の活躍

ここでクラウディウスが重用した解放奴隷(libertini)について略記しておく。新約聖書にも明確に言及されている(使六9)だけでなく、パウロの挙げる人名の多くが解放奴隷によく見られる名前であること(たとえばロマ書一六章のリスト)からも、解放奴隷の持つ社会的な意義深さが推察できよう。

解放奴隷とは、かつて奴隷であったが、後に私的および公的な解放方式によって自由とされた者およびその子孫を指す。解放の後彼らはローマ市民権を獲得したが、正規のローマ市民と比べると政治的権益の点で遅れを取っていた。しかしながら、数の面で徐々に増加して行った彼らは、商業、金融業等多岐にわたる社会的分野に進出し、巨万の富を築く者も出てきた。また彼らの中には、騎士階級に成り上がった者も多く、大土地所有者も出現した。ここでG・ペトロニウスの小説『サテュリコン』の中の「トリマルキオンの饗宴」における、解放奴隷トリマルキオンの巨富の描写を引用しておく。これはもちろん誇張ではあるが、当時の解放奴隷の極端な成金ぶりをよく表している。

「トリマルキオンは顔の表情をやわらげると、ぼくらの方に向きなおって言った。『……今お前さんらの口をぬらしとる酒は、みんな、まだわしが見たことのないわしの領地でとれたものだ。なんでも、タラキナとタレントゥムのわしの領地に接しとるということだ。今考えとることは、シキリア島をわしのちっぽけな畠地に加えることだ。そうするとアフリカへ行きたいとき、わしの土地ばかり通って航海できるだろう。……わしが学校を軽蔑しとるなんて思わないでくれ。わしは二つの書庫を持っとる。

一つはギリシア語の、もう一つはラテン語のだ。……』

……七月二十六日、トリマルキオン所有のクーマエ農地で、男児三十名と女児四十名が生れた。大麦五十万モディウスが脱穀され、穀物倉に収められた。牛五百頭が馴らされ軛をつけた。……」(國原吉之助訳、ペトロニウス『サテュリコン』岩波文庫所収)

これら解放奴隷階級の者たちが、一世紀半ば、政治の世界でも鍵を握るに至ったのである。彼らの権利を縮小すべきだとの意見も元老院に出されたが、却下されたことがタキトゥスによって報告されている(『年代記』一三・二六―二七)。なお、ローマにいるユダヤ人は、多くが紀元前六三年にポンペイウスによって奴隷としてローマに連れて来られ、後に解放されたユダヤ人解放奴隷の子孫である。彼らはエルサレムに帰っても、その社会的独自性を意識して、自らのシナゴーグ(会堂)を有していたのである(使六9)。

ネロの登場

再びアグリッピナの話に戻ろう。以上の如くレールを敷いても安心できない彼女は、夫クラウディウスの気が変わるのを恐れて、五四年秋、とうとう夫を毒殺してしまう。その翌日直ちに十七歳のネロが即位する。これでアグリッピナの野望は一切遂げられたかに見えたが、実はこれが彼女の没落の始めであった。

まず、ネロの後見役の哲学者セネカと軍人のブルスとがアグリッピナに対抗し、ネロの手綱を取った。事実、即位当初は、ネロも元老院とも協調し、施政を正して稀にみる善政を行なった。しかし、反対にネロと母との間が捻れ出した。苛立ったアグリッピナは、今度は逆にブリタニクスを担ぎ出す素振りを見せる。これに危険を感じたネロは、自分との食事の席で十四歳の義弟ブリタニクスを猛毒で殺してしまう(五五年)。

この頃からネロの乱痴気が始まる。タキトゥスは五六年に関して、こう記している。

「この年、首都以外は平穏無事だったが、内は甚だしく風紀が乱れた。ネロは奴隷の着物をきて身分を隠し、首都の街路や娼家や居酒屋をほっつき歩いた。つき従う者らが、店先に並べてある品物をかっぱらい、道で出会う人に傷をおわせるためであった。相手は何も知らなかったので、ネロまでなぐりかえされて、当分のあいだ顔に傷跡を残していたほどである……ある夜のこと、たまたまユリウス・モンタヌスがカエサルとぶつかった。元老院階級の人だが、まだ官職にはついていなかった。彼は腕力をふるおうとした相手を猛烈にはねかえしたあとで、はじめてネロと気づき、ひらあやまりにあやまった。この哀願をネロは非難の意味にとり、彼に自殺を強いた……」(『年代記』一三・二五、國原吉之助訳、前掲書所収)

ネロの暴政

ネロは元来スポーツ、文芸、音楽好きの好少年であったが、情緒的な不安定さに加え、母親に徹底して甘やかされた前歴を持つ。これが母親へのリビドーを固着化し、同時に他者への極端な残忍さを生んだ。事実、アグリッピナは、ネロを抱き込むために、彼と近親相姦の関係に入ったらしい。

他方ネロにはその頃、ポッパイア・サビナ(Poppaea Sabina)という恋人が出来た。ポッパイアは、アグリッピナが生きている限り自分がネロの后になる可能性はないことを看取り、ネロにアグリッピナ毒殺を迫る。意を決したネロは、沈没する仕掛けを仕組んだ船に母を誘い溺れさそうとするが、この策は見事に失敗。するとネロは、間髪を入れず刺客を送り、母を間違いなく殺害させた(五九年)。

六一年、再びブリタニアで反乱が起こった。しかし総督P・スエトニウス(Suetonius)がイケニ族の女王ボウディカ(Boudicca)に壊滅的な大打撃を与え、鎮圧した。

一方、母親のアグリッピナを殺害したネロは、やがてその暴君ぶりをあからさまにしていく。六二年、彼はティベリウス以後実施されなかった反逆罪法を復活させ、邪魔者を次々に消し始めた。セネカは、自らへの風当たりも強くなったことを感じ、引退して田舎に籠もってしまう。ネロはやがて自分に恐れを与え得る者をあらかた消してしまうと、妻のオクタウィア(Octavia)を離婚し、ポッパイア・サビナと結婚した(六二年)。しかしオクタウィアへの民衆の人気が高いのを見ると、オクタウィアを不倫の口実でカンパニアに追放、さらにはパンデリア島に幽閉し、その後程なくして殺してしまった。タキトゥスの物語るこの場面は、悲しくもおぞましい。

「オクタウィアは綱で縛りあげられ、四肢の血管をすべて切り開かれる。しかし恐怖のため血管は締めつけられ、血はとぼとぼと滴《したた》る程度で、死にいたるまでにひまがかかった。それで発汗室の熱気にあてて、窒息させる。かてて加えていっそう残酷なことには、彼女の首を斬り、都にまで運んでポッパイアに見せた。このために元老院は、神殿に感謝の供物を捧げることを決議した……」(『年代記』一四・六四、國原吉之助訳、前掲書所収)

享年二十二歳。おそらくオクタウィアは、ローマ史上、最も悲しい運命を担った女性の一人である。

乱行の極み

この後もネロの乱行と暴虐は止まらなかった。彼は政治には一切の興味を失い、自らを稀有《けう》の一大詩人と思い、そのグロテスクな恣意に身を任した。例えばタキトゥスは、ネロが「正気の沙汰と思えぬ浪費」のうちに催したある饗宴についてこう言う。「ネロは自然、不自然を問わず、あらゆる淫行でもって身を汚し、もうこれ以上堕落のしようがあるまいと思えるほどに悖徳《はいとく》の限りを尽くした。もっとも、それから数日たって、正式の結婚手続きをふみ、不潔な男色仲間の一人(その名をピュタゴラスという)と結婚した。いやしくも最高指令官たるものが、花嫁のかぶる緋色の面紗で頭をおおった……持参金や合歓《ごうかん》の床や結婚の松明《たいまつ》を披露し、あげくのはて、婦人の場合には夜まで隠されるものまで、いっさい人前にさらしたのである……」(前掲書一五・三七)

この直後に有名なローマの大火が発生する(六四年)。火は一週間以上猛り狂い、ローマ十四区のうち、三区を完全な焼け野原とし、七区を壊滅状態にした。原因は正確には不明であったが、民衆はネロが放火を命じたと信じる者が大部分であった。ネロはこの風説をもみ消すために、スケープゴートをこしらえあげた。その標的が、当時人々に反共同体的・反社会的というレッテルを貼られ、忌避されていたローマのイエス・キリスト信奉者たちであった。彼らはカエサル家の庭園でなぶりものにされて殺された。野獣の毛皮をかぶされ、犬に嚙み裂かれ、また日没後は夜の灯火の代わりに燃やされた。使徒ペトロは、おそらくこの迫害のさなかに殉教死を遂げたものと思われる。

ネロの最期

以上のようなネロの専横に対し、人々の反感は次第に深まり、六五年、大がかりな暗殺計画が立てられる。その中心人物は元老院議員のG・ピソ(Piso)であった。しかし計画は事前に密告されて破綻する。なお、この陰謀に加わってはいなかったものの、ネロのかつての恩師セネカはとうとう死を命じられる。セネカが息を引き取ったという報はネロを大変喜ばせたという。そして六六年には、先に引用した『サテュリコン』の作者で、趣味と歓楽に関するネロの助言者のペトロニウスに死が与えられた。その他、殺された人物は枚挙に暇がない。

六六年五月にはユダヤ戦争が勃発する(本書九七頁参照)。しかしネロは、そのようなことは意に介せず、九月から悠々とギリシャ巡遊の旅に出る。名所旧跡を訪れるためである。そして十一月末、コリントでギリシャ諸都市の独立を宣言した。またあらゆる所で競技祭を催し、どの競技でも自ら常に「一等賞」を取り続けた。こうしてネロはローマを完全に放擲《ほうてき》してしまった。六七年には去勢した少年奴隷を「花嫁」に迎えた。また同年の九月頃、ネロはコリント地峡の開削という空想的な工事を開始した(翌年ネロの死によって放棄)。

ようやく六八年初め、ネロはナポリに「凱旋」しつつ戻る。しかし帝国の民心はすでにネロを離れていた。その年の春、まずガリアの知事ウィンデクス(Vindex)が、続いてスペインのタラコネンシス州の知事ガルバ(Galba)が反乱を起こした。前者は敗退したものの、ローマは反ネロ一色になった。やがて元老院と近衛軍に見切りをつけられたネロは、六月八日夕方、先の「花嫁」を含む数人の者たちと共にローマを脱出する。しかし逃げおおせ得ず、六月九日の未明ローマ郊外にて、「ああ、世間は何と惜しい芸術家を失うことよ!」と涙しつつ、おそるおそる剣で喉を突き刺し、最後に介錯《かいしゃく》を受けた。こうしてユリウス・クラウディウス朝は途絶えた。

ウェスパシアヌス時代

この後一年余は帝位をめぐる内乱の時期となる。まず権力を握ったのは前述のガルバであるが、七十一歳の高齢に加えて、厳格かつ残酷な彼は、軍に約束した賜金を与えず、彼らの人気をまたたく間に失ってしまった。六九年一月十五日、将軍オト(Otho)はガルバの近衛軍を抱き込み、ガルバを殺した(このオトは、ネロの后ポッパイアの先夫)。元老院はオトを皇帝にするが、すでに年はじめにゲルマニアの軍隊によって皇帝に擁立されたA・ウィテリウス(Vitellius)がローマに迫り、四月にベトリアクムの戦いでオトを破った。オトは自殺、ウィテリウスが元老院から皇帝として承認された。

しかし七月にはユダヤ戦争の総指令官ウェスパシアヌス(Vespasianus)が東方の諸軍団から帝位に推された(『戦記』四・五九二―六〇四、在位六九―七九年)。これを受けてウェスパシアヌスは、まずエジプトのアレクサンドリアを抑えた。エジプトがローマの穀物年間消費量の四カ月分を供給する大穀物倉だったためである。その後彼は軍の一部をローマに向かわせる(『戦記』四・六三〇―六三二)。六九年十月、ウィテリウス軍はベトリアクムでウェスパシアヌス軍に破れ、同年十二月、ウィテリウスは弑殺される(以上、『戦記』四・六〇五―六〇六、六一六―六一八、六三三―六五五参照)。

ウェスパシアヌスは西方の軍団および元老院からも皇帝として承認され、七〇年十月にローマに入城した。こうして目まぐるしい内乱がようやく終結を見、同時にフラウィウス朝が開始された。折しも、息子のティトゥス(Titus)はエルサレムを占領し、長かったユダヤ戦争にも終止符を打っていた(後述)。これを受けて七一年六月、ウェスパシアヌスは息子ティトゥスと共にユダヤ戦勝を記念する凱旋式を行なった(『戦記』七・一二一以下)。

ウェスパシアヌスは、これまでの混乱によって箍《たが》のゆるんだ国家を立て直すことに全力を注いだ。軍規を粛正し、平和の女神の神殿(『戦記』七・一五八)や大コロセウム(完成はティトゥス治下の八〇年)など、新しい建造物も含めて都を建て変え、元老院と騎士階級を浄化・補充し、財政を強化した。またドナウ川とライン川双方の上流に皇帝直轄領を設け、住民に小作させて開墾した。

2　第一次ユダヤ戦争

大飢饉

ファドゥスの後、ローマのユダヤ総督としてティベリウス・アレクサンドロス(Tiberius Alexandros, 在職四六―四八年)がやって来た。彼はアレクサンドリアの有名な哲学者フィロンの甥に当たる。その治世下でまず注目されるのは、彼がガリラヤのユダの息子たち(ヤコブとシモン)を磔刑《たっけい》に処したことである(『古代誌』二〇・一〇二)。このユダとは、先にクィリニウスの戸口調査に反対して立ち上がった人物である。このことは、いかにユダの家系が連綿として反ローマ運動を支えていたか、またいかにそのような運動が一見平穏に見えるアレクサンドロスの支配下でも燻《くすぶ》っていたかを暗示している。

彼の時代、もう一つ重要なことは、大飢饉がユダヤを襲ったことである(『古代誌』二〇・一〇一)。特に四七―四八年は安息の年(七年毎に土地を「休ませる」年、すなわち耕作も収穫もできない年の意)に当たり、民の苦しみは一層増大したことが想像される。これは多くの人によって、おそらく世の終わりの前の終末的苦患として把握されたであろう。これに臨んで、パルティアの属国の女王でユダヤ教に改宗したアディアベネのヘレネは、ユダヤに大量の穀物援助を行なった(『古代誌』二〇・五一―五二)。また使徒行伝一一章27―28節に言及されている「クラウディウス帝の時代の飢謹」もおそらくこれと関係していよう。ルカは、この時アンティオキア教会からエルサルム教会に援助が送られたと記す。その運び手がバルナバとパウロであったというのは(使一一29―30)、同じ四八年頃バルナバとパウロがいわゆる「使徒会議」(後述)出席のためエルサレムを訪れたことと同一の事態であった可能性も否定できない。

ユダヤ騒擾化

四八年になるとV・クマヌスがユダヤ総督として着任して来た(Cumanus, 在職四八―五二年)。同じ年に、カルキスのヘロデが死に、その領土および特権は皇帝によりヘロデ・アグリッパの息子のアグリッパ二世(Agrippa II)に与えられた。なおアグリッパ二世は五三年に皇帝クラウディウスにより、また五四年には、新しく即位した皇帝ネロにより、その領土を拡張されている。

ユダヤの情勢が目立って騒がしくなってくるのは、総督クマヌス治下においてである。まず、あるローマ兵士の冒瀆行為にユダヤ人が激昂して騒擾《そうじょう》となり、少なからぬ数のユダヤ人が圧死する事件があった。その後、他のローマ兵士が律法の巻物を引き裂いたため、ユダヤ人は大挙してクマヌスの許へ押しかけた。クマヌスは当の兵士を処刑することで危うく暴動をくい止めたという。

さらに事態をより深刻にしたのは、サマリア人とガリラヤ人の間の抗争である。五一年頃のある時、祭に上るガリラヤ人の集団がサマリヤの村で襲われ、死者が出た。しかしクマヌスは（サマリア人から買収されていたため？）、殺人者を罰するのを拒否した。怒ったガリラヤの者たちはサマリアを襲撃したが、これに対してクマヌスは武力で弾圧した。これがもとで、ユダヤの各地で武力による反抗活動が生じるようになった。サマリア人はシリア総督クァドラトゥス（Quadratus）にユダヤ人を訴え、ユダヤ人は同じくサマリア人とクマヌスを総督に告訴した。クァドラトゥスは即断せず、サマリア人とユダヤ人との代表、およびクマヌスをローマに送った。しかしその場に居合わせたアグリッパ二世のお陰で、皇帝の前での審判はユダヤ人に有利に下った。サマリア人の代表者たちは断罪され、クマヌスは解任の上、流刑に処せられた（『戦記』二・二三二―二四六、『古代誌』二〇・一一八―一三六）。

熱心党らの活動

この後ユダヤの総督に任命されたのは、解放奴隷階級出身のA・フェリクス（Felix, 在職五二／五三―五五〜六〇年、解任の年不確実〔五八年頃？〕）である。着任そうそう、アグリッパ二世の妹のドルシラに横恋慕し、果ては彼女と結婚した彼は（『古代誌』二〇・一四一―一四四、なお使二四24参照）、タキトゥスの言葉によれば、「奴隷の根性を持ちつつ、ありと凡ゆる冷酷さと強欲さのうちに、王の権力を行使した」（『歴史』五・九）人物である。

折しもこの頃から熱心党らの反ローマ武力闘争が顕著になり、全土に暗雲が立ち込め出す。熱心党の活動は、ヨセフスによれば、直接的には紀元六年の、クィリニウスの戸口調査に反対して立ち上がったガラリヤのユダおよびファリサイ派のサドクの運動に遡るとされているが、最近の研究ではようやくこの頃から存在が確認できるとされている。彼らを、ヨセフスが言う如く単なる「盗賊」として理解するのは正当ではない。ヨセフスによれば、イスラエルの滅亡は、ことごとくこれら「盗賊」の不敬にして残虐な業への神の罰であったと表現されるが、これはローマに対してユダヤ人弁護を図るヨセフスの傾向性による。

熱心党は、神への「熱心」、具体的には律法、それも「十戒」（出二〇1―17）の「第一戒」（汝には我のほかに神なし）への全き忠実を命を掛けて守り抜こうとした者たちである。それ故に、異邦人の支配は妥協なく徹底的に排除され、その際に聖戦的発想から武力を行使することが正当化され要請されたのであった。神は、人間の側のこうした「共労」によって、目の前に迫っている世の終わりの到来を部分的にでも速めるであろう（したがって武力闘争に入らず、それに荷担もしない者は基本的に反神的である)。

すなわちこの運動は、根底的に終末論的・宗教的武力解放闘争であった。加えて、こうした彼らの運動が民衆の支持を得、結局は全国を巻き込んで行った過程は、当時のパレスチナが総体として深く終末論的雰囲気に浸されていた事実、そして同時に、無数の農民が、当時ローマおよびそれと大部分利害を共にした大土地所有者のために一段と貧民化して行った事実を示している。

さらにこの時期から、暗殺用として懐に鎌型の短剣「シカ」(sica)を忍ばせ、とりわけエルサレムなどの都会で所嫌わず敵を襲撃する策に出る者たちが現れだした。このため彼らは「シカリ党」(Sicarioi、ないしは「シカリ派」)とも呼ばれた。(彼らが熱心党のより活動的部分か、あるいはそれとは別系統の集団かは、論争されている)。その犠牲の第一号は、かつての大祭司、アンナスの子ヨナタンであった(『戦記』二・二五四—二五六、『古代誌』二〇・一六二—一六四、一八六。もっともこの暗殺は、ヨナタンを邪魔に思ったフェリクス自身の望みであったらしい)。こうしてあからさまな白色テロが横行し出した。

自称「メシア」たち

フェリクスはこのような反ローマ闘士の鎮圧と処刑にかかりきりであった。フェリクスの手に落ちた代表的な熱心党の指導者はディナイの子エレアザルであった(『戦記』二・二五三、『古代誌』二〇・一六一)。フェリクスは彼を騙して捕らえることに成功した。しかし全体として見れば、とりわけ地方においては、事態はもはやローマ軍のコントロールが効を奏さないところまで至っていたのである。

一般民衆の間の抗争も目立って来た。カイサリアでは、ギリシャ・シリア系住民とユダヤ系住民とが衝突した。フェリクスはこれに武力で介入し、ユダヤ人側を撃って鎮定した(『戦記』二・二六六―二七〇、『古代誌』二〇・一七三―一七八)。

雰囲気が終末論化する中で、自らをメシアと称する「預言者」たちもユダヤの各地に出没した。彼らは多く、民衆を荒野に導き、そこで奇蹟を示すという触れ込みであった。すなわち自らをモーセやヨシュアの再来と理解したのであろう。彼らが熱心党に属していたとは言えないが、しかし彼らの運動に反ローマ騒擾の燻《くすぶ》りを嗅いだフェリクスは、徹底的に弾圧した(『戦記』二・二五八―二六〇、『古代誌』二〇・一六七―一六八)。

その中でも有名なのは「エジプト人」、すなわちエジプト生まれのユダヤ人預言者の事件である(五五年頃?)。彼は多大な群衆を集結させ、オリブ山に導こうとしたが、その際その地で彼が命じれば、エルサレムの城壁が(古エリコのそれのように)崩れ落ちると予言した。明らかに自らを再来のヨシュアと称したのであろう。フェリクスはしかし直ちに軍を差し向け、彼らを殺戮し、蹴散らした。「エジプト人」自身は逃げおおせた(『戦記』二・二六一―二六三、『古代誌』二〇・一六九―一七二、なお使二一38参照)。

やがて間もなく、これら「預言者」たちと熱心党は、実際に手を組み始めるのであった(『戦記』二・二六二)。

さらに大事な点は、(前述の如く)この頃から国内の貧富の差が一段と広がって行ったことである。大土地所有者たちと、人口の大部分を占める貧農・小作民との差が加速度的に開いて行った。また貴族祭司たちと一般・下級祭司たちとの間の経済闘争も一層深刻化した。後者は十分の一税として当てがわれるはずの食い扶持を奪われ、貧民化して行かざるを得なかった。後には餓死する者もいたという(『古代誌』二〇・一八〇―一八一、二〇六―二〇七)。赤貧化した下級祭司の多くも武闘運動に走った。

フェリクスの後任はP・フェストゥス(Festus, 在職五五～六〇―六二年、着任の年不確実〔五八年頃?〕、なお使二四27以下参照)である。彼がユダヤに来てみると、至る所に熱心党らの破壊活動が見られ、彼はその鎮圧に忙殺された。カリスマ的な人物が民を集め荒野に導く事件も以前同様発生した。フェストゥスは彼らを躊躇なく殺戮した(『戦記』二・二七一、『古代誌』二〇・一八五―一八八)。また彼の治世下で、エルサレムの貴族祭司たちと(親ローマの)アグリッパ二世との間の亀裂も目立って来た(『古代誌』二〇・一八九―一九六、二一六―二一八)。

国の乱れ

総督フェストゥスは六二年、在職中に死んだ。すると、この頃新しく大祭司に任命されたアンナスの子アンナス(Annas II, アンナス二世)は、新総督着任までの間隙をぬって、エルサレム教会の「主の兄弟」ヤコブをサンヘドリンに引き出し、律法違反の罪を着せて石打ちの刑にしてしまった(六二年)。しかしこれは人々の反発を買わずにいなかった。大祭司任命権を有するアグリッパ二世もアンナス二世を非とし、彼をわずか三カ月で更迭した(『古代誌』二〇・一九九―二〇三)。

フェストゥスの後任はL・アルビヌス(Albinus, 在職六二―六四年)であった。アルビヌスは着任すると、武闘集団との戦いに手を出しはしたが、裏では賄賂《わいろ》を集めるのに急で、国はいっそう乱れた。この頃、かつて(四七―五九年)大祭司であったネデバイオス(またはネバダイオス)の子アナニア(Anania)は、金にものを言わせてアルビヌスをも抱き込み、専横を誇った。武闘集団はこのアナニアの家の者たちを誘拐する戦術に出、勢力を盛り返した。他方アルビヌスは、熱心党員も含めた囚人を金と引換に釈放するという人気集めの策を施しつつ、その任期を終了した(六四年、『戦記』二・二七三、『古代誌』二〇・二一五)。

アナニアの子イエス

アルビヌスの治世の初め、六二年の仮庵《かりいお》の祭の時、ある異様な人物が登場する。田舎出身で、アナニアの子イエスという者が神殿に現れ、突然大声でこう叫び出したのである。

「東から声がする、西から声がする、
天の四方から声がする！
エルサレムと聖所に向かう声！
花嫁と花婿に向かう声！
すべての民に向かう声！」

この後彼は、同じ言葉を街のあらゆる路地で、日夜を分かたず叫び続けた。不愉快に思った市民たちやローマ人は一度ならず彼を捕らえて鞭打ったが、この変人は何ら怒ることなく、ただ悲しみにつかれ、「エルサレムに禍い！」と叫ぶだけであった。気が触れた者として放免された後も、都の隅々を歩き回り、「エルサレムに禍い！」をただ繰り返した。こうして七年と五カ月後、ローマ軍がとうとう聖都の城壁を崩し始めた時、その投石機から発された石が彼に命中し、この聖なる狂人はこと切れた（『戦記』六・三〇〇―三〇九）。このアナニアの子イエスは、イスラエルにおける禍いの預言者の系譜中でも、特異な存在として記憶される。

また特記すべきは、六四年、ようやくエルサレム神殿が完成したことである。紀元前二〇年にヘロデが開始してから、延々八十年以上費やした工事であった。しかし神殿の完成は、多くの労働者――ヨセフスによれば、一万八千人以上――が失業するという事態を招来し(『古代誌』二〇・二一九)、社会のある部分の困窮を加速させたことも事実である。また神殿自体、この後数年足らずで破壊し尽くされる運命にあった。

開戦と初期の戦い

やがてG・フロルス(Florus, 在職六四―六六年)が総督として着任した。彼が来てみると、国情はもはや手の付けられないまでに荒れていた。彼は状況を建て直そうという気をもとより喪失し、不法と残虐を駆使して私腹を肥やすことに専念した。ヨセフスによれば、「我々をしてローマ人との戦争をせざるを得なくしたのはフロルスである」(『古代誌』二〇・二五七)。

こうして民衆の憤慨が昂じる中、六六年の除酵祭の時、シリア総督のC・ガルルス(Gallus)がエルサレムにやって来た。民はフロルスを訴えたが、結局効果がなかった。やがてカイサリアでユダヤ人と非ユダヤ人との間の衝突があった。それに際し、フロルスはあえてユダヤ人を挑発する策に出、あまつさえ、神殿宝庫から金銭を強奪した。こうしてエルサレムに暴動が発生する。フロルスはそれを鎮圧する際に町を略奪し、和平を願う者たちも含めて、相当数のユダヤ人を磔刑《たっけい》に処した。やがてカイサリアから二大隊が到着すると、大祭司たちの説得も空しく、とうとう民衆とローマ軍の間に戦闘が開始された。六六年五月である(以上、『戦記』二・二九四―三三二)。

これに臨んでアグリッパ二世はユダヤ人を鎮めようとするが、民心を獲得し切れず、間もなく自らの領地に追い返される(『戦記』二・三三六以下、四〇六―四〇七)。

やがて、ガリラヤのユダの子(実は孫?)メナヘム(Menahem)の率いる戦闘派は、死海西岸にある天然の大要塞マサダを攻撃、ローマ兵を殲滅《せんめつ》して要塞を手中にした(『戦記』二・四〇八、四三三―四三四)。他方エルサレムでは、六月、元大祭司アナニアの子で神殿警備隊長のエレアザル(Eleazar)が、アウグストゥス時代以来の慣習であった皇帝のための犠牲を廃止し、戦争への意志を明らかにした(『戦記』二・四〇九)。アグリッパ二世は反乱軍鎮圧のための軍隊をエルサレムに送り、かくして戦争強行派と親ローマ・穏健派との間に争いが生じるが、やがて前者が優勢を占める。勢いづいた反乱軍は、大祭司邸と王宮に火を放ち、また借金の証文を保管してある記録所を焼き討ちした(『戦記』二・四二六―四二七)。これは、反乱自体が多くの貧困化にあえいでいた民衆の支持を得ていたことを証している。夏にはアントニア城(神殿領域の北西の角にあって、ローマ軍が監視用に用いていた塔)が反乱軍の手に落ちる。さらには王宮の塔の中に逃げ込んだローマ兵たちも降伏した(以上、『戦記』二・四三〇、四三九、四五〇—四五六)。

マサダを掌握したメナヘムは夏頃、王としてエルサレムに戻り、反乱軍の頭領として指揮を取った。やがてかつての大祭司アナニアとその弟のヒゼキヤが殺される。この頃から、神殿警備隊長のエレアザルはメナヘムに従うのを良しとせず、他の者と共に彼を襲い、殺してしまう。メナヘムに従って来、この難を逃れた同志たちは、メナヘムの親族(ガリラヤのユダの孫)の、ヤイルの子エレアザルと共にマサダの砦に逃れた(『戦記』二・四三三—四四八)。こうして反乱軍は最初の分裂を起こし、かつ、メナヘムという有能にして全反乱軍の長になり得た唯一人の人物を失ってしまった。

近隣の諸都市、すなわちカイサリアとシリア、さらにスキトポリス、アスカロン、プトレマイス、アレクサンドリア、加えてダマスコ等では反ユダヤ人感情が昂じ、多くのユダヤ人が虐殺された(『戦記』二・四五七以下、五五九—五六一)。

やがてシリア総督のガルルスが、事態を鎮圧するために第十二軍団を中心とする兵力を伴いエルサレムにまで至ったが、弱気にも占領を断念、そして撤退する途中、ベテホロンで大敗北を喫してしまう。ガルルス自身もほうほうの体で逃げ延びる。六六年十月のことである。この勝利はユダヤ人の志気を圧倒的に高め、これ以降抗戦派が主流となる。和平派の多くの者は、我先にエルサレムを去って行った(以上、『戦記』二・四九九―五五六)。

他方抗戦派のユダヤ人たちは神殿で集会を開き、新しい戦闘体制を組み立てる(『戦記』二・五六二―五六八)。主たる指導者としてはゴリオンの子ヨセフ、前大祭司アンナスの子アンナス(アンナス二世)らがいた。後の歴史家ヨセフス(当時約三十歳)もガリラヤの統率を任された。またエッセネ派も戦いに加わった。ローマ人との戦いを「光の子ら」と「闇の子ら」の終末論的戦争と理解したためであろう。彼らの中でヨハネと名乗る指導者が名を馳せた(『戦記』二・一五二―一五三、五六七)。さらに注目に値するのは、ユダヤ教に改宗したアディアベネのモノバゾス王の一族も武装して戦争に参加したことである(『戦記』二・五二〇、なお六・三五六参照)。他方、武装闘争派は、メナヘムを失ったこの時点では全体の主導権を握れないままであった。指導者グループには祭司系熱心党の、シモンの子エレアザルがいたものの(『戦記』二・五六五)、しばらくの間何のポストも与えられなかった。

将軍ウェスパシアヌス

六七年、皇帝ネロは事の重大さに鑑み、ようやくウェスパシアヌスをパレスチナの最高指揮官に任命した。春、ウェスパシアヌスは行動を起こしてガリラヤ攻略に着手、やがて息子のティトゥスの援軍も得て三軍団六万の兵を傘下に擁し、六七年七月、ヨセフスの守る西ガリラヤのヨタパタを陥落させた。元来親ローマ的心情のヨセフスはローマ軍に投降し、ウェスパシアヌスがローマ皇帝になる由の「予言」をしてローマ軍に厚遇される。この後タリカエアエ(マグダラ)、ガマラ、タボル山、ギスカラ等が次々に落ち、六七年末にはガリラヤはローマ軍の完全に制圧するところとなった(『戦記』三・一—四・一二〇)。

他方、六七年後半から六八年にかけて、エルサレムでは指揮系統がまとまらず、混乱の様相を呈していた。地方からは、とりわけローマ軍に追い立てられた難民がエルサレムに流入し(『戦記』四・一三五以下)、ラディカルな抗戦派を補強した。

折しも六七年十一月、ギスカラ出身の(レビの子)ヨハネがエルサレムに入った。やがて抗戦派が自らの手で「大祭司」を選ぶに至って、穏健派との決裂が明らかになった。後者を代表したのは前大祭司アンナスの子アンナス、前大祭司でガマラの子イエス(サドカイ派のリーダーたち)、それにヒレルの子孫ラバン・シメオン・ベン・ガマリエル一世(ガマリエル一世の子シメオン)らである(『戦記』四・一五八—一六〇)。彼らは急進派の排除を画するが失敗。これに対してシモンの子エレアザルらの急進派は、大勢のイドマヤ人の軍隊をエルサレムに招じ入れる(『戦記』四・二二四以下)。彼らの攻撃に曝された穏健派はなすすべなく、やがてアンナスの子アンナスとガマラの子イエスは虐殺される。ヨセフスによれば、この惨劇こそ「エルサレム陥落の始まり」(『戦記』四・三一八)であった。

この後、ギスカラのヨハネが権力者として首都を制圧し出す。しかし急進派内部自体、決して一体化することはなかった(『戦記』四・三八九―三九七)。

他方ウェスパシアヌスは、六八年三月にガダラを落とし、全ペレアを掌握、さらにユダヤ東部を平定し、イドマヤ地方を制圧した。こうしてエルサレムのみが孤立する(『戦記』四・四一二―四九〇)。しかしエルサレム攻撃の策を練っていたウェスパシアヌスに、六月、ネロの死の報がもたらされた。そこでウェスパシアヌスはエルサレム攻撃を延期、さらには帝国中枢の動乱のため、六九年初め、ユダヤ戦争を一時棚上げにした(『戦記』四・四九七―五〇二)。

ユダヤ軍内部の抗争

この間こそ、ユダヤ人にとっては戦力を整え、内部強化を計る最良の時期だったはずである。しかしそれが内部における相互抗争故にできなかった。この頃ゲラサ出身のギオラの子シモンが台頭し出した。彼は先にマサダの武闘集団に加わっていたが、アンナスの死を聞くと要塞を出、自らの軍団を組織し、とりわけイドマヤを攻撃、エルサレムの急進派と張り合った。彼はユダヤ人の奴隷を解放し、彼らや貧農たちからその戦力を募った。その後、六九年春、おそらくメシア的存在としてエルサレムに入城(『戦記』四・五〇三以下、五七四以下)。こうして向こう一年、首都の上の町を制したギオラの子シモンと、それに抗して神殿の山に陣取るギスカラのヨハネの間で、激しい武力抗争が展開される。後になって、祭司系熱心党の、シモンの子エレアザルがヨハネから分かれたために、正確には三つ巴となったが、エレアザルの勢力は大きくはなく、やがて再びヨハネ派に統合されてしまう(『戦記』五・九八—一〇五、二五〇)。

一方ウェスパシアヌスは六九年六月、ユダヤ戦争再開を決意、いまだ占領されていない地を攻撃、こうしてエルサレム以外は、マサダ、マカエロス(マケルス)、ヘロディオンの三つの要塞を残してすべてローマ軍の手中に落ちた(『戦記』四・五五〇—五五五)。その後ウェスパシアヌスはローマでウィテリウスが帝位に就いたことを知るが、七月にはウィテリウスに不満をもつ東方諸軍団より自ら元首に推挙された。そして十二月にはウィテリウスが滅んだことにより覇権が確立(前述)。そこでウェスパシアヌスはユダヤ戦争の総指揮を息子のティトゥス(Titus)に一任した(『戦記』四・六五八)。

エルサレムの滅び

ティトゥスは七〇年春、四軍団を率いてエルサレムに到着した。ローマ軍の総攻撃が開

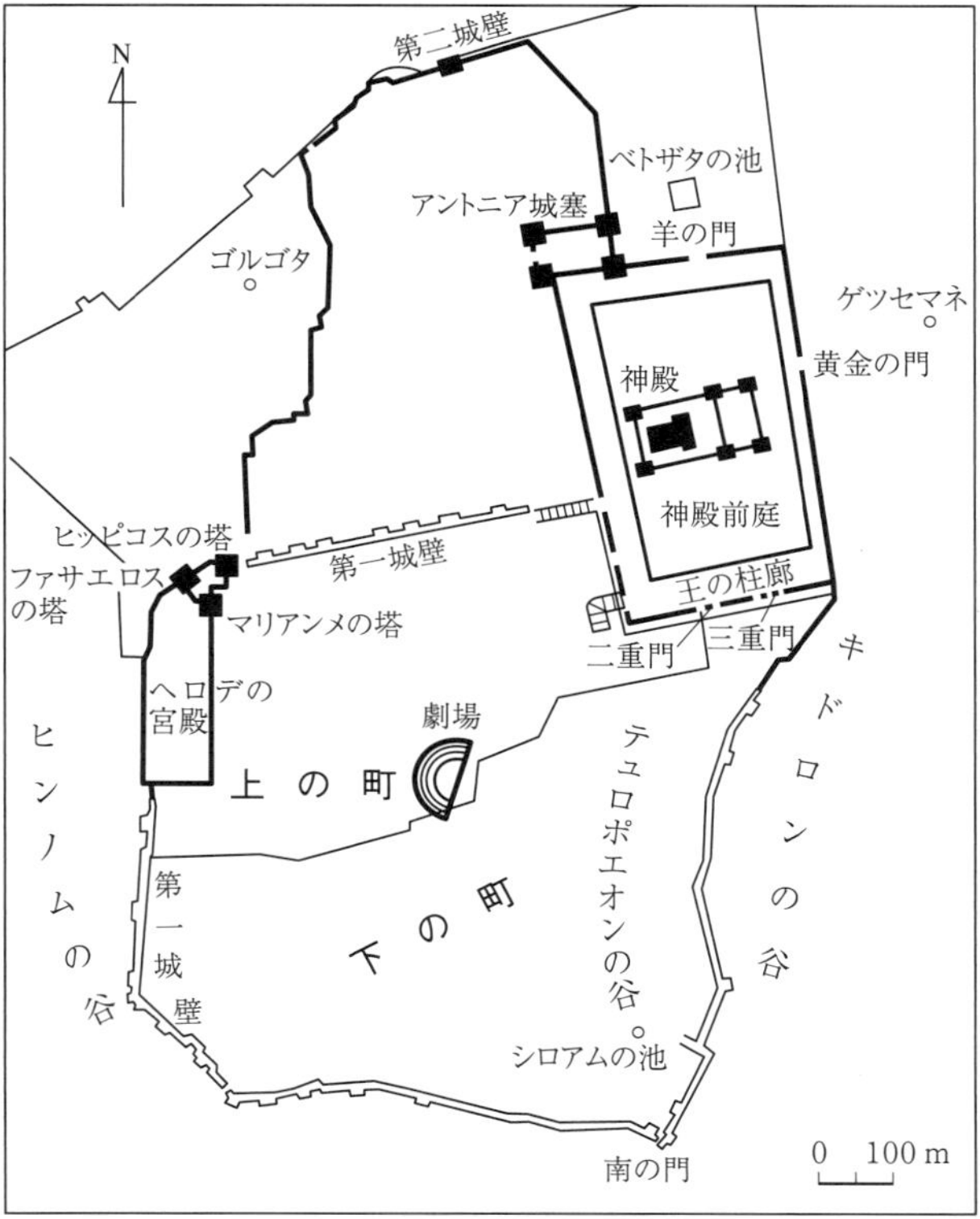

地図3　紀元70年以前のエルサレム

始されると、エルサレムのヨハネ派とシモン派は抗争を止め、初めて一致団結した(『戦記』五・二七七以下)。しかし五月にはとうとう最初の城壁が破られた。かつ六／七月にはローマ軍の包囲壁が完成(『戦記』五・五〇二―五〇九)、エルサレムは恐ろしい飢餓状態に曝される。やがて七月下旬には神殿の北にあった要塞塔のアントニア城が陥落(『戦記』六・六八以下)。この頃、市中の飢餓は極点に達し、わが子を食らう女まで現われたという(『戦記』六・一九九以下)。この後、「運命の日」の八月三十日、とうとう神殿が炎上して果てた(『戦記』六・二四九―二七〇)。

同時にローマ軍の全市略奪と虐殺が始まる。無数の残酷なエピソードの一つは、或る預言者の言葉のままに神殿外庭の柱廊上に避難して神の救いを待っていた六千人の市民たちが、下から火を放たれ全滅した話である(『戦記』六・二八一―二八七)。最後まで終末的な神の救いを空しく待ち望んだ者たちがいたのである。やがて下の町が、そして次に上の町が、破壊されて火の海に呑まれた。こうして七〇年九月二十六日明け方、聖都エルサレムは焼き尽くされ、滅亡した(『戦記』六・四〇七)。

ギスカラのヨハネは餓死寸前の様で投降、終身刑となった。ギオラの子シモンも結局は投降したが、後の凱旋式のため捕虜とされた(『戦記』六・四三三―四三四、七・二五以下)。ティトゥスはエルサレムに第十軍団のみを残してカイサリアに行き、さらにアンティオキアに来た。しかしこの地のユダヤ人追放を叫ぶアンティオキア市民の意は酌まず、足をユーフラテス河畔のゼウグマ(ゾイグマ)にまで延ばす。そこでパルティア王ウォロゲセス一世の使いより黄金の冠を贈られる。その後アンティオキア、エジプトを通ってローマに帰った。ローマでは七一年六月にウェスパシアヌスとティトゥスのためユダヤ戦勝凱旋式が催された。この時、ギオラの子シモンは衆人の前で処刑された(『戦記』七・一二三以下、一五三―一五七)。後代、皇帝ティトゥスがフォロ・ロマーノに建て、今なお見ることのできる有名な凱旋門には、神殿を略奪するローマ兵の姿が浮き彫りにされている。

マサダ陥落

さてユダヤでは、まだ反乱軍の残党が完全に消滅してはいなかった。七一年、新しくユダヤ総督代行に任ぜられたL・バッスス(Bassus, 七一年のみ在職)はヘロディオンを攻略、さらにはマカエロス(マケルス)の要塞を陥落させた(『戦記』七・一六三―二〇九)。やがてバッススが死ぬと、F・シルウァ(Silva)が総督職に就いた(在職七二―八〇年)。この頃、ユダヤ人の抵抗の拠点は、不落の山岳要塞と言われたマサダを残すのみであった。ここにはガリラヤのユダの孫にあたる、ヤイルの子エレアザルが、親族のメナヘムが暗殺されて以来、「シカリ党」と呼ばれた人々を主体とする一群(その中にはエッセネ派もいた)を指揮して抵抗していた。シルウァは、早速マサダ攻略にかかり、包囲壁をめぐらし、マサダの西の腹に破城用の斜道を作った(それらの跡は現在でも見られる)。やがて城壁の一部が破壊されると、エレアザルは観念し、全員に集団自決を勧めた。こうして七三年五月、戦士およびその家族たち九百六十名は、壮絶にも一団となって自決して果てた(『戦記』七・二五二以下、三九一—四〇一)。

なお「シカリ党」の一部はアレクサンドリアにも逃れたが、この地の指導者らの告発で逮捕された。彼らは拷問で要求されても皇帝を「主」と呼ぶことを最後まで拒んだという(『戦記』七・四〇七—四一九)。また七三年には、エジプトのレオントポリスにあるユダヤ教神殿も閉鎖されてしまった(『戦記』七・四二一—四三六)。

ユダヤ民族の絶望

ユダヤ戦争直後、ローマ軍に没収された土地には(大部分)異邦人の管理者(conductores)が派遣され、ユダヤ人農夫たちを小作人として働かせた。ユダヤ人がこうした土地の所有を回復するには、その後何年もかかった。さらに戦後、パレスチナ在住およびディアスポラのすべてのユダヤ人は、今まで神殿に納めていた二ドラクメの神殿税を、ローマの守護神であるユピテル・カピトリヌスへ納めることを強制された(以上、『戦記』七・

二一六―二一八)。いわゆる「ユダヤ金庫」(Fiscus Judaicus) の創設である。これはローマ史上ユダヤ人に特別税が課せられた始めであり、四世紀のユリアヌス時代まで続いた。

こうしてユダヤは滅んだ。この戦争が熱心党などの終末待望に基づいて始まり、最後まで神の救済的介入への希望に支えられて遂行されたことを思えば、神から何の救助も得ることなく、滅亡に渡されたことは、民にとって恐るべき絶望だったであろう。

「なぜといって、私は見たからです。どんなにあなたが彼ら罪人を支持し、不虔に振舞う輩を大切になさったかを、あなたの民を滅ぼしてあなたの敵を守られたかを」(Ⅳエズラ三30、八木綾子・誠一訳、『聖書外典偽典5』教文館所収)

ましてやエルサレム神殿が壊滅したことは、これまでの宗教生活の全体系が瓦解したことを意味し、その打撃は計り知れなかった。

ユダヤ教の再興

しかしこうした絶滅の絶望のただ中で、全く異なった、むしろ醒めた精神ですでにユダヤ教再建への道を探り始めた者がいた。ヨハナン・ベン・ザカイ(Yohanan ben Zakkai, ザカイの子ヨハナン)である。彼はラバン・シメオン・ベン・ガマリエル一世の代理者であったが、一時期ユダヤ戦争の指揮に加わったシメオンとは異なり、反熱狂主義で非戦側に立ち、エルサレムを説得しようとした。しかしこれを果たせず、エルサレム陥落以前にどうにか首都を脱出した。ただしすぐにローマ軍に捕らえられ、降伏者の収容地であったヤブネ(ヤムニア)に連行された。そしてこの地で、ローマ人の監視の許、新しいユダヤ人共同体の基礎構築の作業にかかったのである。

まず、これまで神殿にあった最高法院(サンヘドリン)が新たにヤブネに設けられ、そこで暦法(新年と閏年)が定められ、法規改正がなされた。神殿なきユダヤ教体制の骨格の確立である。ユダヤ教の中では熱心党はもとより、サドカイ派もエッセネ派も滅び、ファリサイ派だけが残ったが、その中でも少数の非戦派によって担われた慎ましい再スタートであった。しかしこれがやがて、シナゴーグ主体の新しい共同体となって発展し、結局ユダヤ教を消滅から救ったのである。

第二節　ユダヤ教イエス派の展開

エルサレム教会のその後

エルサレム教会においては、律法に忠実な「主の兄弟」ヤコブが陣頭に立つようになる。おそらくその影響下、四〇年代半ば頃までにはエルサレム教会に「長老団」が組織されていたと思われる(使一一30、一五2、4、6、22、23、一六4参照)。しかし彼らはあからさまに反異邦人主義を打ち出すことはなかったし、アンティオキア教会との繋がりも維持していた。そのため、在エルサレムの国粋主義的傾向の者たちからは、いぜんとして嫌疑を掛けられずにいなかったものと思われる。

また、一世紀の中頃には、エジプトのアレクサンドリアにもイエス派の報知は伝わったらしい(使徒行伝一八章24節以下で報告されているアポロは、アレクサンドリア出身のイエス派の人物であろう)。ユダヤ人を主体としたこの地のイエス派は、後にも見るように、初期キリスト教の歴史全体の中でも極めて重要な役割を果たすことになる。

パウロの第一回伝道旅行

パウロは、アンティオキア教会の霊的指導者として才覚を顕していたが(使一三1)、四七年頃、異邦人対象のいわゆる第一回伝道旅行に旅立つ(これを四八年のエルサレム使徒会議の後に置く説もあるが、その必要はないと思われる)。しかしこの旅は実は、パウロの事実上の師であるバルナバ(Barnabas)の主導によって行なわれたものであり、パウロはいわばその補佐役としたという方が正しい。それにヨハネ・マルコが当初のうちは助手として参加した。

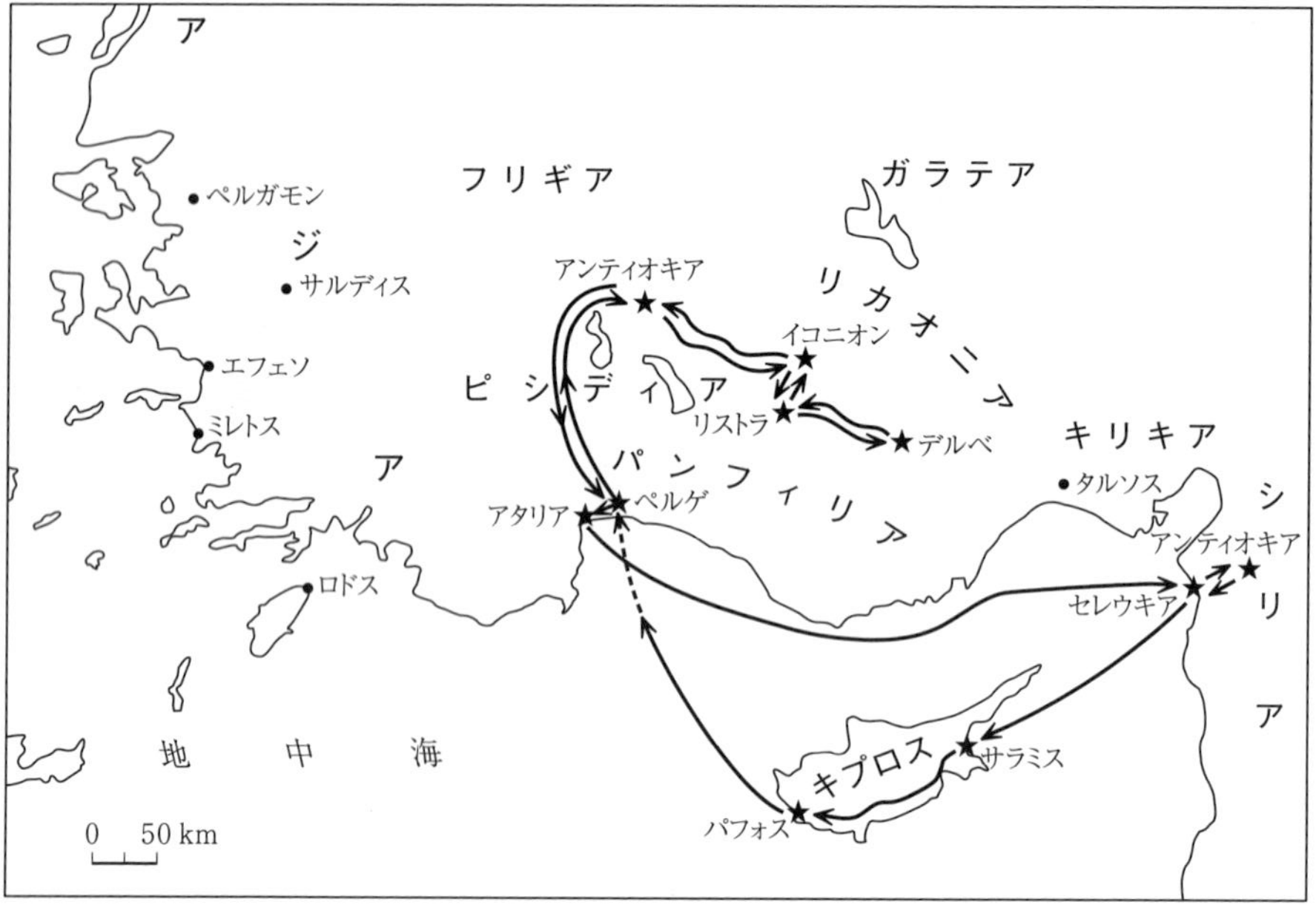

地図4　パウロの第1回伝道旅行

バルナバとパウロがこのような旅に出ることができたことは、おそらくアンティオキア教会がそれなりの安定期に入ったことを示唆していよう。内部状況が不安定ならば、その集団の最高指導者と有能な助手が本拠地を一定の期間留守にすることは考えにくいからである。

彼らは、まずセレウキア経由でバルナバの故郷キプロス島に渡り、そこのサラミスでキプロス地方総督のセルギウス・パウルス(Sergius Paulus)を回心させた(使一三4―12)。その後、再び大陸に向かい、パンフィリアのペルゲ、ピシディアのアンティオキアを訪れ、さらにリカオニヤ地方のイコニオン、リストラ、さらにはデルベにまで足を延ばして宣教した。リストラではおそらく、後のパウロの同労者テモテ(Timotheos)を回心させたものと思われる(使一四6―7、一六1、Ⅰコリ四17参照)。なおリストラでは、バルナバとパウロは神として崇拝されかかったという。

そのねらい

ところで、ピシディアのアンティオキアやイコニオンやリストラは、すべてトルコ半島中部の「皇帝街道」(Via Sebastia, アウグストゥスが設置)上のローマ植民都市(colonia)であることが重要である。つまりバルナバとパウロは、トルコ半島においては、いわばミニ・ローマとも言える格付けの都市を意識的に宣教の対象に選んだのである。そのために、半島上の往路においては、せっかくパンフィリアの重要都市ペルゲに寄っていながら、そこで宣教したらしい形跡がなく(使一三13―14)、山道をひたすら北上して「皇帝街道」に乗り、百数十キロの道のりを超えてピシディアのアンティオキアへ直行している。狙いは単に「大都市」ではなく、ローマ植民都市であったためである。また、だからこそ、リストラ宣教後、おそらく「キリキアの狭門」を下って帰路につく途上デルベに寄ったところで、思い直して今しがた来た道を引き返して例の三植民都市を再訪したのであろう。一種のだめ押し的な「アフター・ケア」の必要に駆られたのではないだろうか。

ということは、この伝道旅行は、アンティオキア教会ですでに企画されていたであろうローマ帝国への伝道戦略の、いわば「習作」的な位置を持つものであったと思われる。ということは、彼らはこれらの都市においてユダヤ教に回心して割礼を受けることを前提にした宣教をしたとは想定できないので、「割礼なしの救いの受容」という、後にパウロの書簡に鮮明に現れる思想が、この頃すでにアンティオキア教会の宣教事項になっていたことを思わせる(ヨハネ・マルコがペルゲでバルナバとパウロと袂を分かってエルサレムに帰ってしまった(使一三13)というのが史実であれば、こうしたバルナバやパウロの方針との思想的な不和が一因かも知れない)。

ルカの叙述によれば、その後彼らは再びペルゲまで至り、そこから岸辺の町アタリアを通って、海路アンティオキアに戻った(以上、使一三―一四)。

エルサレム使徒会議

この直後、初期キリスト教史の中で極めて重要な事件が持ち上がる。この異邦人伝道旅行でのバルナバとパウロのあり方が問題を一層表面化させたのかも知れないが、エルサレムに座を持つユダヤ人イエス派の者たちがアンティオキアに下って来て、回心した異邦人は割礼を受けなければならないと主張したのである(使一五1、なおガラ二1参照)。すなわちバルナバやパウロのアンティオキア教会を中心とした、律法から自由な宣教活動にクレームが付いたのである。この要求の背景には、上記の如く、パレスチナでようやく表面化し出した反異邦人・反ローマの風潮に対して自らの運動を保守的に擁護したいという在エルサレムのイエス派の者たちの思惑があろう。

いずれにしてもアンティオキア教会からは、バルナバとパウロがエルサレム教会との協議のために派遣された。彼らはこの旅に、大胆にも異邦人イエス派の信者テトス(ティトゥス)をも証人として同行させた(ガラ二1)。エルサレムでは「柱」として残っていた主の兄弟ヤコブ、ペトロ、ヨハネ、そして同時に長老たちと討議した。このサミット会議が有名なエルサレム使徒会議である(四八年頃、ガラ二1—10、使一五1—35)。

同意事項

その結果、バルナバ、パウロたちのアンティオキア教会は、異邦人たちには律法の割礼規定を除外して——ということは異邦人をユダヤ教に改宗させることなくして——イエス派の救いを宣べ伝えてもよいとする同意をエルサレム教会から引き出した。こうして、アンティオキア教会は異邦人へ、エルサレム教会はユダヤ人へ行くとする、一種の大まかな伝道領域区分が両教会の間になされたのである。同時に、この連帯の徴として、異邦人教会がエルサレム教会に経済的援助(献金)を行なうことが同意された(ガラ二9—10)。

しかしながらこの取り決めは、ユダヤ人のイエス派も律法なしでよいとしたわけではなく、さらにはユダヤ人イエス派と異邦人イエス派の者たちが同居しているような混交共同体の問題はなんら規定していなかった。

アンティオキア衝突事件

したがって、その翌年(四九年)頃、いわゆるアンティオキア衝突事件が起こった。ペトロがアンティオキアに滞在して異邦人イエス派とも食卓を共にしていた時、エルサレムからユダヤ人イエス派の者たちがやって来た。するとペトロは彼らを考慮して、異邦人との食卓での交わりを拒否し、やがてバルナバも同様に振舞った(ガラ二11—14)。これはおそらく、当時パレスチナで高まりつつあった、律法熱心的・反異邦人的状況に曝されていたエルサレム教会の苦慮を鑑みての譲歩であった(佐竹明)。

しかしとにかく、ペトロとバルナバのこの振舞いは、アンティオキア教会で明らかに少数派であったろう異邦人イエス派の者たちを交わりから排除するか、ユダヤ教化する(割礼を強制する)ことに帰結せざるを得ず、パウロはラディカルに真っ向から反対した。しかし大勢はパウロに不利に運んだらしい。このため、パウロは、以後アンティオキア教会から原則的に独立して伝道活動をするようになる。

この衝突のもう一つの帰結として、後日いわゆる「使徒教令」(〔英〕Apostolic Decree)という指示が、エルサレム教会とアンティオキア教会によって、混交共同体の異邦人イエス派の者たち一般に対して与えられた。これは、異邦人イエス派がレビ記一七—一八章に従って、「偶像に備えた肉、血抜きをしていない肉、正規に屠《ほふ》ったものではない肉、および近親相姦(的婚姻)」(使一五29)の四項目を避ければ、ユダヤ人イエス派との共同の食事が出来るというものである。当時、異邦人との不可避的な交わりに際し異邦人側に求めるべきものとして一定程度の認められていた条項(後に「ノアのおきて」と呼ばれる)に基づいた、混交共同体内における一つの妥協策である。ただこれはパウロの与り知らぬ決定であった(これを使徒会議の最後〔使一五19—29〕に置いたのは、著者ルカの編集作業)。

パウロの第二回伝道旅行

アンティオキア衝突事件の後、パウロはバルナバから別れ(使一五36—40参照)、いわゆる第二回伝道旅行に出る(四九—五二年頃、使一五36—一八22)。事実上は彼が独立して行なう第一回目の大がかりな伝道旅行である。同行者はアンティオキアにおける数少ないパウロ支持者だったシラスであり、最終目的地はおそらく帝都ローマである。彼らは北シリアを通過し、「キリキアの峡門」を登ってタウロス山脈を越え、先の伝道旅行でパウロが訪れたリカオニアの町デルベおよびリストラに来る。新たなる「アフター・ケア」の作業であろう。

リストラでは信徒の中から、先の旅行で回心させたと思われるテモテを二人目の同行者として獲得する。その後、大都市エフェソを抱く小アジア西海岸に至ろうとして西に進むが「聖霊に禁じられ」(使一六6)、やむなく北上してガラテヤ地方に至った。この「聖霊」が禁じた事態とは、おそらくパウロが病に襲われたことを指すらしい(ガラ四13)。この偶然からガラテヤ教会が生まれる(なおこの際、「ガラテヤ」とは伝統的なガラテヤ地方を指

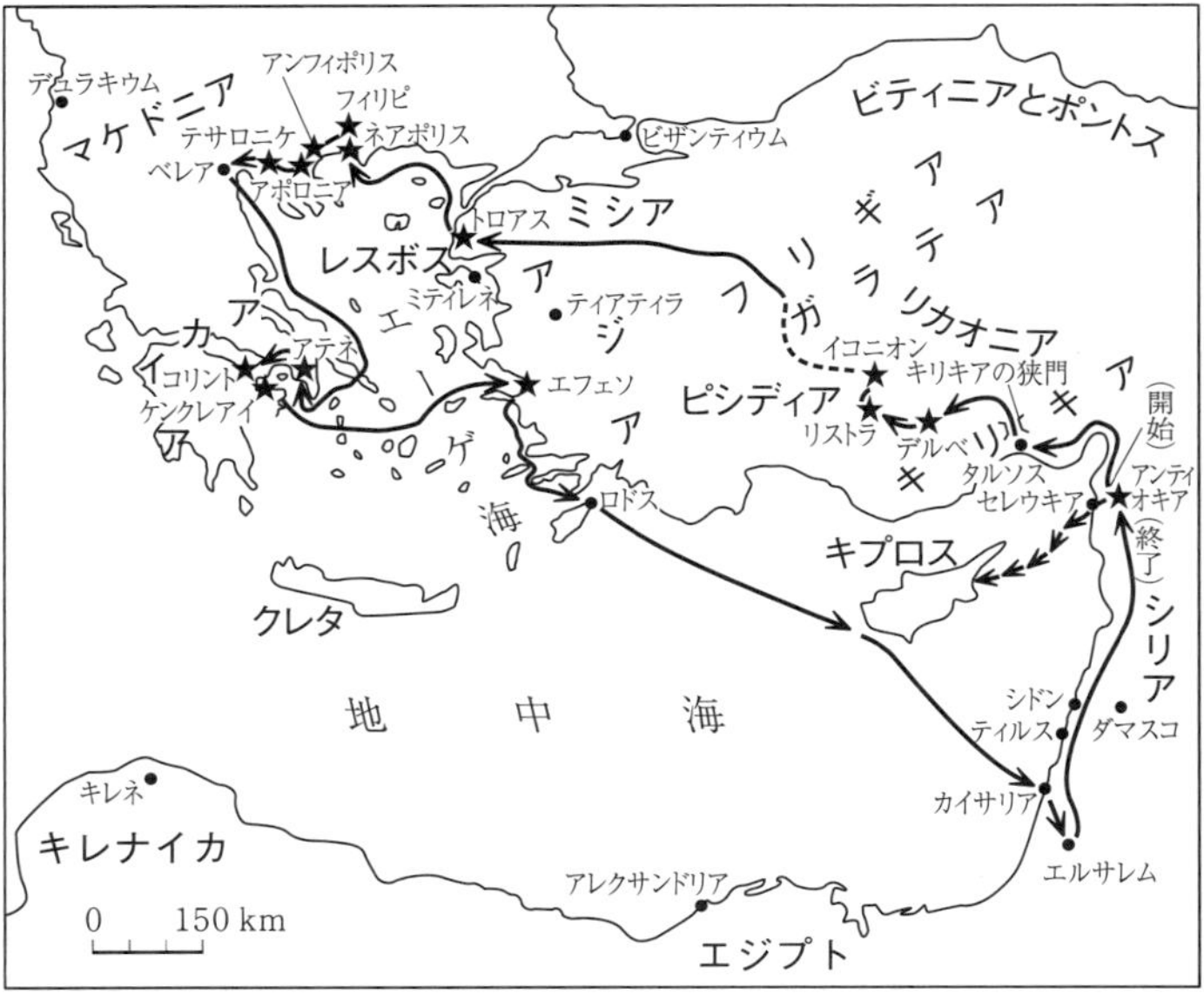

地図5　パウロの第2回伝道旅行

すととる〔北ガラテヤ説〕。異説は、南部のパンフィリア地方にまで接する「ローマ属州ガラテヤ」ととるもの〔南ガラテヤ説〕)。

その後(五〇年春頃?)、パウロは再び西に向けて旅立つ。ミシア地方に至った時さらに北上して首都ニコメディアを擁するビティニア地方を訪れようとするが、またしても「イエスの霊がこれを許さなかった」(使一六7)。したがってそのままトロアスに抜ける。ギリシャに渡るためである。そこでトロアスから船でサモトラケ島を経由して、幹線道路(エグナティア街道)の通っているネアポリスにてマケドニアの地に上陸。あとはこの街道に沿ってマケドニア地方を横断してデュラキウムに至れば、海路イタリア半島に達し、ローマが目の前となる。

そこでパウロはまずフィリピに向かった。フィリピは小都市ながら、紀元前四二年以降、マケドニア地方には稀なローマの植民都市であった。ここでは女性も含めて多くの信者が出来、教会も誕生したが(フィリ四2―3)、パウロたちは激しい迫害に遭遇し町を去る(Iテサ二2、フィリ一30)。その後アンピポリスとアポロニアを通って、マケドニアの首都かつ大都会のテサロニケに至る。この地での一定期間の宣教(Iテサ二9、フィリ四15)により、特に異邦人の間に信者を得たが(Iテサ一9、なお使一七4も参照)、民衆(主に異邦人)から迫害される羽目になり(Iテサ二14、三3―4)、困窮し(フィリ四16)、とうとう当地を離れる。

そこでエグナティア街道からそれてベレアに移り、そこで宣教しながらテサロニケ再訪を期すが(Iテサ二18)、ここでも迫害に会い、パウロはシラスをこの地に残し、テモテを連れて(Iテサ三1―2)おそらく海路(使一七14―15)でアテネに向かう。しかしテサロニケの状況が気になり、パウロはテモテをテサロニケに派遣する(Iテサ三2)。他方、アテネでの宣教も挫折し、窮したパウロは一人コリントへ逃げのびる(使一八1、Iコリ二3、五〇年秋頃)。

コリントはアカイアの州都であり、一大商業都市である。この地でパウロはユダヤ人イエス派信者プリスキラとその夫アクラに会う。彼らは上記のクラウディウス帝のユダヤ人追放令により四九年頃にローマを追われてこの地に移り住んだのである。パウロは彼らの家に居を構える。そうしているうちにマケドニアのベレアからシラスが到着し、さらにはテサロニケに派遣したテモテが良き知らせを持って戻る(Iテサ三6、使一八5)。特に後者の情報に喜んだパウロはテサロニケ教会に手紙を送る(五〇/五一年頃)。このいわゆる「テサロニケ人への第一の手紙」は、現存するパウロ最古の手紙であるだけでなく、およそ初期キリスト教文書資料中最古のものである。加えてここコリントにおける伝道は一定の成功を見た。パウロはこの地に「一年六カ月」(使一八11)留まった(その間に、アカイア総督ガリオの審問を受けている。このガリオは、有名な「ガリオ碑文」により、五一年春から五二年春まで総督の位置にあったことが確定されており、これまでの我々の叙述の年代設定を支持する)。

エルサレムへ

コリント伝道の成功によって、パウロは一段落ついたと思ったのであろうか、元来のローマ行きをおそらくは断念し、五二年春頃コリントを去り、エフェソに舟航《しゅうこう》する。プリスキラとアクラの夫婦が同行し、エフェソで下船。エフェソは、重要都市を拠点とするこの伝道旅行で外されてきた数少ない例であるが、パウロは本格的なエフェソ訪問を将来に期しつつ、同夫婦をこの地に残して出帆。やがてカイサリアに上陸し、エルサレムを訪れた。

この訪問は少なくとも、エルサレム使徒会議の原則に沿って推し進めてきた自らの異邦人伝道の具体的成果を提示すると共に、会議で謳《うた》われたイエス派教会の一致を確認するための訪問であったろう。しかしそれをエルサレム教会がパウロの意図するように喜んだかどうかは疑問である。折しも五二年頃と言えば、上述の如く、ユダヤ人とサマリア人が対決して民族主義が高揚し、反異邦人的破壊活動が全土を被い始めたころである。そのさなか、律法の規定を無視した異邦人イエス派の増加を滔々と報告するパウロを、エルサレム教会はむしろ迷惑がったのではあるまいか。

とにかくもこの後パウロは、アンティオキアに下って行く。アンティオキア教会に対し、以前ほど距離感をもはや持たなくともよいと判断したからであろうか。あるいは先程のエルサレム教会のあり方への疑義を、アンティオキア教会と協議する必要にかられたからであろうか。

第三回伝道旅行

アンティオキアに「しばらくいて」(使一八23)越冬したパウロは、翌年、直ちに第三回伝道旅行に出発する(五三年春—五六年春頃、使一八23—二一14)。同行したのは前回同様テモテ(使一九22)、そしておそらく新しくテトス(IIコリ一二18)である。この旅行の眼目は何よりもエルサレム教会への献金の募集にあった。エフェソにおける宣教が視野にあり、それに加えて、可能であれば今度こそローマにまで達し、この地の献金も得てエルサレムに持参したいと思ったかも知れない。

まずパウロはアンティオキアからキリキアを通り、第二回伝道旅行と同じ山岳路を登ってガラテヤに至り、この地の教会に献金への指令を出す(Iコリ一六1)。その後フリギア地方を通り、ようやくエフェソに来る。エフェソはアジア州の首都であると共に一大海港都市であり、この地には第二回伝道旅行の終わりにプリスキラとアクラ夫婦を先兵として

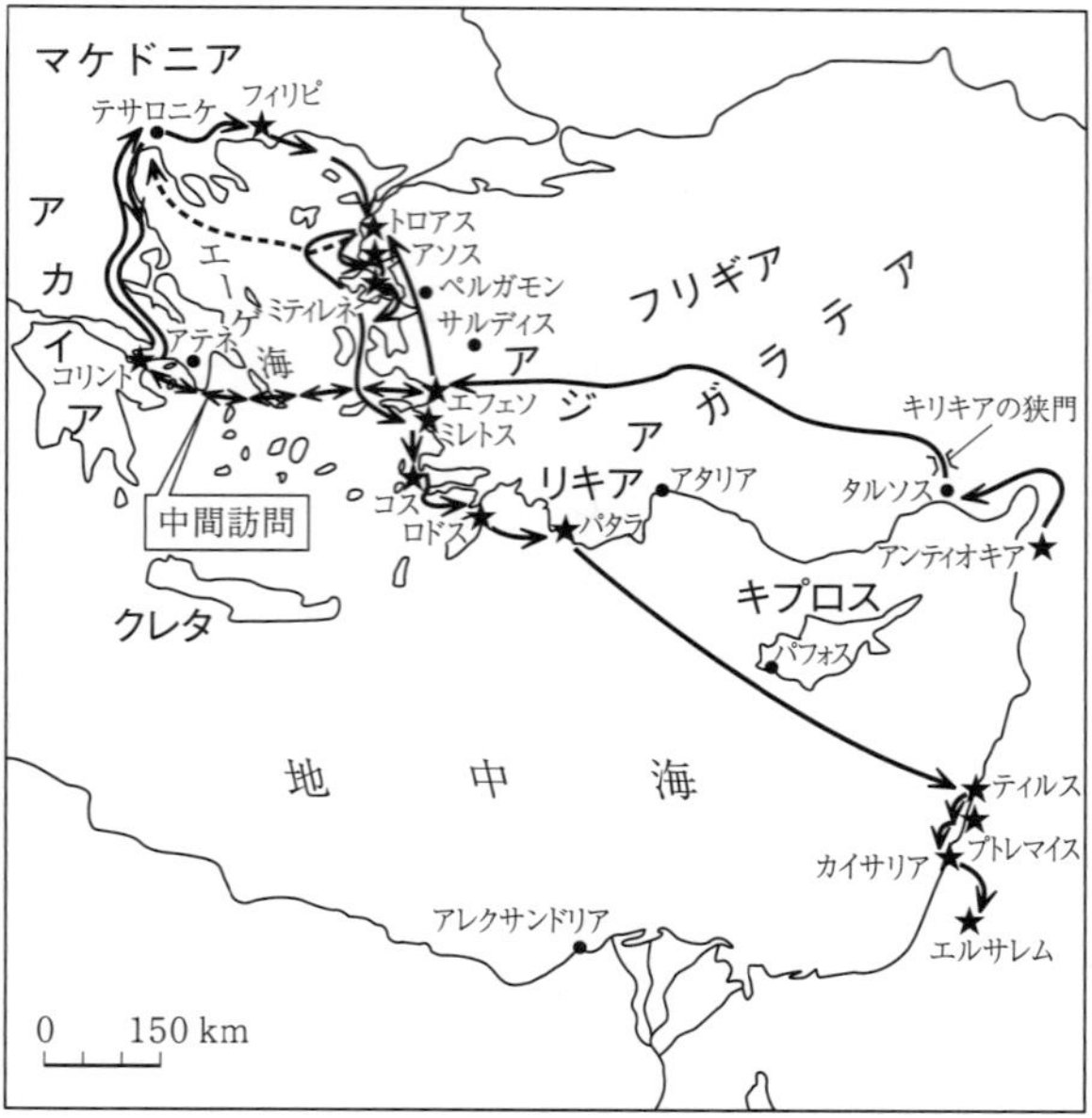

地図6　パウロの第3回伝道旅行

送り込んであった(使一八18―19、26)。パウロは結局ここに丸二年間滞在することになる(五三年秋頃―五五年秋頃)。様々な事件が持ち上がったためである。

ガラテヤ問題とコリント問題

まずガラテヤ教会との問題について述べよう。パウロがガラテヤを去った後、ユダヤ主義的イエス派信者が同地を訪れ、ガラテヤ人に割礼等の律法遵守を要求した。この報に接したパウロは、激昂して「ガラテヤ人への手紙」を書き送る(厳密な年月は特定できないが五三/五四年頃)。ただし、その結果教会員たちがパウロの路線に戻ってきたのか否かは不明のままである。

最大の問題はコリント問題であった。まず彼は、「クロエの家の者たち」からコリント教会に内部分裂その他の問題があることを知らされ(Iコリ一11)、かつ具体的難題に関する教会員からの問い合わせ状も手にする。そこで、教会にテモテを派遣し(Iコリ四17、一六10―11、使一九22)、加えて「コリント人への第一の手紙」を執筆する(五四年春頃)。この地では一種の熱狂主義が起こり、教会員の中には性的な放縦傾向に走った者もいたらしい。

パウロは手紙執筆後ほどなくして自らコリントに行くつもりでいたが、ここで予期しないことが起こった。彼は(おそらく使徒行伝一九章23節以下のデメトリオス騒動に巻き込まれて)逮捕され、アリスタルコス(使一九29、フィレ24、なおコロ四10参照)やエパフラス(フィレ23)らと共に投獄されてしまったと思われる(Ⅱコリ一8—10の暗示参照)。しかし獄中でも彼の活動は続く。フィリピの教会からエパフロディトという信者が献金を持参したのに対し、感動したパウロは感謝の手紙を書く(フィリ四10—23、あるいは投獄以前?)。その後、エパフロディトは病に臥すが、ようやく治ったので、パウロは獄中から手紙を添えてエパフロディトを送り出す(フィリ一1—三1)。その他、「フィレモンへの手紙」も獄中で執筆する。フィレモンはエフェソでパウロによって回心したが(フィレ19)、自らはおそらくフリギア地方の町コロサイに住む人であった(フィレ1—3、23—24とコロ四7—18を比較参照)。なお彼の回りにいた弟子のうち、前述のエパフラスは、パウロの委託でコロサイ、ラオディキア、ヒエラポリス等のフリギア地方の町に開拓伝道したらしい(コロ一7、二1、四13)。エパフラス自身、元来コロサイ市の人であった(コロ四12)。

パウロの獄中生活は何カ月か続いたものと思われる。その間にコリントには「敵」が来訪し、パウロから離反する者たちが出てきた気配である。この報に接したパウロは、出獄した後コリントに自ら直行する(「中間訪問」と言われる、Ⅱコリ二1、一二14、一三1—2参照)。しかしこの訪問は惨めに失敗した。

退散した彼は、いわゆる「涙の手紙」をしたため(Ⅱコリ一〇—一三章)、必死にコリント人の心を得ようとする。同時に彼はテトスをコリントに派遣する(Ⅱコリ一二18、八16—23)。他方彼はエフェソにこれ以上居れなくなったらしく(追放された？　使二〇17以下参照)、トロアスへ出向く(Ⅱコリ二12)。そこでテトスを待ちわびるが、心配の余り自らマケドニアに渡る(使二〇1参照)。そこにテトスが到着する。報告によれば、パウロの心が通じ、コリント人は予想以上に深く悔い改め、問題は氷解したという(Ⅱコリ七6以下)。そこでパウロは「慰めの手紙」を書き送る(Ⅱコリ一—七章の重要部分)。

さらにはコリント人への第二の手紙八—九章に相当する手紙も著し、改めてコリント人に献金を促す(現在の「コリント人への第二の手紙」は、以上の諸文書を後の「パウロ学派」が二次的に編集したもの)。この後パウロはコリントへの三度目の訪問を果たし、この地に二カ月滞在し、越冬する(使二〇3、五五—五六年冬頃)。この間に執筆されたのが、パウロの神学的遺言である「ローマ人への手紙」、それにおそらく「フィリピ人への手紙」三章2節—四章9節(現在の「フィリピ人への手紙」も以上の箇所の結合作品)であろう。

献金を持参して

やがて五六年春頃、アジアとギリシャの教会の献金持参者がコリントで一堂に会し(使二〇4)、パウロと共にエルサレムに向かう体制をとる(今回もローマ行きを諦めたことは、すでにローマ人への手紙〔一五22以下〕の記すところである)。そもそも、果たしてこの献金がエルサレム教会に受け入れられるか懸念を抱くパウロは(ロマ一五31)、除酵祭の後、死の覚悟さえしつつ出発した。フィリピから船でトロアスに行き、そこから海路で南下、ミレトスにてエフェソ教会の代表者たちを呼んで会い(おそらくエフェソに入ることをパウロは禁じられていた)、さらにコス島、ロドス島、パタラ、ティルスを経過してプトレマイスに入港。その後カイサリアを経てエルサレムに至った(使二〇1―二一14)。第三回伝道旅行の到達点である。五六年初夏頃のことであろう。折しも首都とその周辺は、殺気立ち騒然としていた。

パウロは主の兄弟ヤコブを筆頭とするエルサレム教会に、異邦人信徒の代表者たちと共に、例の献金を提出したはずである。これこそかつてのエルサレム使徒会議での約束の履行であり、同時に、彼が命を掛けて築いてきた異邦人イエス派の教会と、福音の源であるエルサレム教会との交わりの証となるはずであった。しかしその献金がエルサレム教会にどのように受け取られたかは、使徒行伝の作者(ルカ)がほぼ一貫して沈黙しているので分からない。あるいはむしろこの沈黙こそが暗示的なのかも知れない。つまり、パウロの献金は、彼が自ら懸念したように、エルサレム教会によって受理されなかった可能性がある。もしそうだとすれば、パウロの信念とその活動は、ここで激しい挫折を経験したことになる。

パウロの逮捕・軟禁・処刑

案の定パウロは、エルサレムで民衆に襲われ、九死に一生を得つつもローマ軍に逮捕される。その直後、シカリ党かとも思えるユダヤ人四十人がパウロ暗殺を誓い合ったため、パウロは厳重に守られてカイサリアに護送される(使二一27—二三35)。総督フェリクスは、パウロを尋問した後、「二年間」拘留しておく(使二四27)。やがて総督フェストゥスが着任し、パウロを尋問、さらにはアグリッパ二世もパウロを審問。パウロはしかし自らのローマ市民権を基に、皇帝に上訴する(使二五—二六)。

かくしてパウロは五八年秋頃、ローマ送りとなる。カイサリア、リキヤのミラ、クレタ島と航海して遭難、マルタ島に漂着して越冬、その後シチリア島、レギウムを経過してプテオリにてイタリア半島に上陸、五九年春／夏頃ローマに着いた(使二七—二八)。

使徒行伝は、パウロがローマで「満二年」(二八31)宣教したという言葉で結んでいる。現実的にはこの間彼はおそらく軟禁状態であったろう。そして「二年」の後、死刑に処せられたものと思われる(六一／六二年頃)。伝承によれば斬首刑であった。

エルサレム教会における、主の兄弟ヤコブの殉教

イエス派は六一／六二年パウロが刑死することで、異邦人伝道史の最重要人物を失った。しかし異邦人教会自体はすでに、根強く広がっていた。その一年足らず後の六二年には、エルサレム原始教会の代表人物である、主の兄弟ヤコブがアンナスの子アンナスによって処刑された(本書九四頁参照)。これは、エルサレム教会にとっては致命的な傷となった。

ヨセフスによれば、アンナスの子アンナスは律法違反の罪でヤコブを処刑した。それがどういう違反かはよく分からない。少なくとも、一般的に律法に忠実な者たちがこのアンナス二世の行動に憤懣《ふんまん》を示したことは、問題が文字通りの律法違反ではなく、ある政治・社会問題であったことを推測させる。

エルサレム教会の都落ち

やがて、ユダヤが戦争の道を直進するにつれ、非武装を掲げたはずの原始教会は周囲の敵意を集めたであろう。四世紀の教会史家エウセビオスによれば、戦争の開始される直前、原始教会はある託宣により、都を捨ててペレア(正確にはデカポリス地方)の町ペラに移住するように命じられ、事実その後この地に移ったという(エウセビオス『教会史』第Ⅲ巻、五3、学者間には、移住の場所を北部トランス・ヨルダン領域に拡大する意見もある)。

この記事が史実であれば、原始教会はユダヤ人の領地を棄て、異邦人の領域に移ったことになる。いずれにせよこれを機に、エルサレム原始教会は教会史の表舞台より姿を消す。イエス派の者たちがユダヤ戦争(二世紀のそれも含めて)に参加した形跡は見当たらない(もっともユダヤ戦争後、エルサレムには再び教会が出来た。イエスの父ヨセフの兄弟クロパの息子、シモンがヤコブの後継者になった模様である。しかしこの教会は教会史上、なんら重要な役割を演ずることがなかった。それでもとにかく、第二次ユダヤ戦争(一三二―一三五年、後出)まで存続したと思われる)。

ペトロの末路

使徒ペトロは、四九年頃パウロと衝突した後、どのような過程を通ってか(あるいは使徒行伝一〇章9―16節のかつての彼の夢が契機か)、異邦人をも対象とする伝道者になったらしい。五四年頃以前にギリシャのコリント教会をも訪ねたと思われる(Iコリ一12、三22)だけでなく、すでに述べた六四年のネロの迫害において、おそらくローマで殉教を遂げているからである。伝承によれば最後は逆さ十字架に掛けられたという。なお彼の妻も、伝道して廻り歩く夫と旅路を共にした(Iコリ九5)。

Q伝承集団のイスラエル批判

では、先に述べた「Q伝承集団」のイエス信奉者たちはどのような軌跡を辿ったのであろうか。これはエルサレム原始教会やパウロの足跡よりも圧倒的に追跡しにくい。しかし最近の研究を総合すると、以下のような映像が浮かんでくる。

まず、彼らの第一の関心事であったイスラエル伝道はおそらく最終的には失敗に終わったと思われる。そうした挫折の痛みを抱えた言葉に次のようなものがある――

「エルサレムよ、エルサレムよ。預言者たちを殺し、自分のもとに遣わされた者たちを石打ちにする者よ。私は雌鳥《めんどり》が自らの雛《ひな》の群を翼の下に集めるように、何度お前の子らを集めようとしたことか。しかしお前たちはそれを望まなかった。見よ、お前たちの家〔＝エルサレム神殿〕は見棄てられる。私はお前たちに言う、お前たちは二度と私を見ることはないだろう、お前たちが、『主の名によりて来る者に祝福あれ』と言う時が来るまでは」(ルカ一三34―35並行)

これはイエスの言葉とされてはいるが、おそらくQ集団のカリスマ的なイエス信奉者が、イエスの霊に「乗り移られて」発した言葉であろう。ここには明らかにこれまでの伝道への苦い挫折意識と、民の頑迷さへの決定的な審きの宣告が折り重なっている。そしてこうした激しいイスラエルへの批判の言葉が、現在再構成できるQ文書の要所要所に観察できるのである。ということは、Q文書がほぼ現在の形態をとるに至ったのは、こうしたイスラエル断罪と審きの告知、そして審きが実現した時のための「証し」を刻んでおくモチーフが支配的になったからではないかと想定される。時期としては、まだエルサレム神殿が存続しているのが前提とされているので(上記のルカ一三34—35並行参照)、おそらく第一次ユダヤ戦争以前であろうと思われる。

戦争難民として

それではQ集団の人々はどこへ行ったのであろう。もしも彼らの活動の地理的中心がガリラヤにあったとすれば、すでに見たように、ガリラヤとはユダヤ戦争の前半において、ローマ軍に甚だしく蹂躪《じゅうりん》されたところである。Q集団がその中で何の問題もなく生き残っていたというのも、他のユダヤ人とともにローマ軍と戦ったというのも、ともに想定が困難である。とすれば、彼らはおそらくガリラヤないしはその隣接地帯を忌避し、他の地へと逃げ延びたのである。その点では、エルサレムを去ってどこぞへと消えた原始教会と類似している。もっとも、ガリラヤからどこへ去っていくかといえば、戦禍とローマ軍の厳しい支配を逃れるには、北方の高地を超えてシリア辺りへ移動するのが最適であろう。

つまり、Q集団はいずれにせよ一種の戦争難民となり、やがて複数のグループに散らばったのではなかろうか。そしてこの集団分裂の現実が、この後Q文書がおそらく複数のヴァージョンになって再編成され、若干ではあれそれぞれ異種の素材を加えられていった状況の背景をなすものであろう。そのヴァージョンの一つが将来マタイ福音書を生む共同体のものとなり(これをQマタイと呼ぶ)、他の一つがルカ福音書を生む共同体に到達した(同じくQルカ)と考えられる。

前マルコ伝承集団

それでは以前に言及した、もう一つの伝承の担い手たちはどうしたのであろうか。つまり、後日マルコ福音書に多くの奇蹟伝承素材を提供した集団である。これに関しては、Q集団ほどの手がかりすらもつかめない。ただ、もしこの集団がガリラヤかその近くのユダヤ人を主体とする地に位置していたとすれば、それはやはりQ集団と似て、ユダヤ戦争の禍いをもろに受けるか、そうでなければ戦争難民としてどこかへ逃げるしかない。彼らもある時期に、家族ぐるみで故郷を棄てていったのであろうか。それが、彼らの保持してきた伝承がマルコ福音書の共同体に達した理由であろうか。あるいは彼らは、もともと異邦人を主体とする地域――たとえばデカポリス地帯――に座を占めていたため、ユダヤ戦争の戦禍を紙一重のところで対岸視できたのであろうか――。

第四章　「キリスト教」の成立

（紀元後七〇年頃―一〇〇年頃）

この三十年間は、ローマではティトゥス帝の弟ドミティアヌスの専制が終焉を迎えると共にフラウィウス朝が終わり、それを継いだネルウァ帝以降いわゆる五賢帝の時代が始まった時である。ローマ帝国の安定期であり、その権勢の頂点と言える。

他方、パレスチナのユダヤ教は廃墟からヤブネ体制を確立して立ち上がり、他方イエス派とは明確な一線を画した。

イエス派も、自ら「キリスト教」として独立し、それを支えるためのアイデンティティを模索する。そうした流れの中で、福音書や使徒行伝など、後に「新約聖書」に編まれて行く諸文書が次々に成立していく。

第一節　「キリスト教」成立の舞台

1　フラウィウス朝から五賢帝へ

善帝ティトゥス

ウェスパシアヌスは七九年に没した。後を継いだのはその息子で、エルサレム占領の武将ティトゥス(Titus, 在位七九―八一年)である。ティトゥスの治世をスエトニウスは、「いかなる悪徳も見つからず、それどころか最高の美徳が見られた」として賛美している(『皇帝伝』「ティトゥス」七・一、國原吉之助訳)。しかし彼の支配は二年しか続かなかった。彼が熱病で突然他界したためである。

ティトゥスの治世下で天災人災が三つほど相次いだ。一つは七九年八月二十四日のウェスウィウス火山の大噴火である。これは山麓のポンペイ、ヘラクラネウム、そしてスタビアエの都市を地中に埋めてしまった。またこの時、『博物誌』(Naturalis Historia)の著者のC・プリニウス(Plininus)が犠牲となり命を落とした(このあと、例えばポンペイは一七八四年に「再発見」されるまで、地中に眠ることになる)。また八〇年にはローマに大火が発生し、三日三晩燃え続けた。さらには市内で恐ろしい疫病が発生した。ティトゥスはこうした災害からの復興作業に心を尽くした。また八〇年には、ローマに有名なコロセウムが完成している。

ドミティアヌスの治世

ティトゥスが亡くなると、その弟のドミティアヌス(Domitianus)が帝位に就いた(在位八一―九六年)。彼は後述の専制政治のため、フラウィウス朝に汚点を残すが、属州統治と国境防備に関しては相当の成果を挙げ、後のトラヤヌス帝の施策の前提を確立した。ドミティアヌスの父のウェスパシアヌスは、ライン・ドナウ川の上流付近に小作人を置き、開墾に当たらせたが(本書八六頁参照)、ドミティアヌス自身は八三年、この地方の外延に防壁を設置した。これは後に補強拡大されて「リメス」(limes, 辺境防衛用の長城)の名で知られるようになる。八五―八八年には、ドナウ川を越えてダキア人が侵入してきたのに対して、ドミティアヌスも軍を率いて戦った。その結果ダキア(現在のルーマニアとその近隣地にあたる)はローマの庇護国になる。

また八八年末には、高地ゲルマニアの総督アントニウス・サトゥルニヌスがゲルマニア人と結んで反乱を起こしたが、八九年冒頭には速やかに鎮圧された。他方ブリタニアには、史家タキトゥスの義父である将軍アグリコラ(Agricola)が七七(あるいは七八)年から総督として就いており、カレドニア(現在のスコットランド)までローマの支配を広げ、またローマ艦隊をしてブリタニアの島周辺を監査就航させている。もっとも彼は、八四年、ドミティアヌスに妬まれてローマに召還され、引退させられた。なお、九二年頃アグリッパ二世が死ぬと、その領域であるトラコニティス、アンチレバノン(レバノン山脈東方の山脈)等はローマ領に併合された。

ドミティアヌスの暴政

八四年のアグリコラ召還の事実が暗示しているように、ドミティアヌスは徐々に専制的な暴君と化して行った。スエトニウスに言わせれば、

「国を治めるにあたってしばらくの間、ドミティアヌスは悪徳と美徳を半々に混ぜ合わせ、いろいろの姿を国民の前に見せていたが、ついに美徳まで悪徳に変質させてしまった」(『ローマ皇帝伝』「ドミティアヌス」三・二、國原吉之助訳、岩波文庫所収)

彼は八六年以来、自らを「主にして神」(dominus et deus)と呼ばせた。これは従来の「元首」制の否定に繋がり、元老院との対立を深刻にした。しかしドミティアヌスは権力を盾に徹底的に弾圧し、有力貴族や政治家たちを次々と処刑、またその財産を没収した。

すでに八七年には反ドミティアヌスの陰謀がいくつか露見したが、粛清された。先程の八八—八九年のサトゥルニヌスの反乱もこの関連の出来事である。

「敵対した一派に対し、身を隠していた彼らの共謀仲間を探し出すため、新型の拷問審理を行ない、陰部を焼き焦がして苦しめ、数人からは手を切り落とした……」(スエトニウス、前掲書一〇・五)

九三年にはストア派の哲学者たちがことごとくイタリアから追放された。奴隷出身の有名な哲人エピクテトス(Epictetos, 五五年頃—一三六年頃)も、ローマからギリシャ北西部エペイロス地方の町ニコポリスに追われている。この九三年頃からドミティアヌスの殺される九六年までは露骨な恐怖政治が出現し、誰一人戦々恐々としていない者はなかった。やがてこの狂気の政治は九五年、ドミティアヌスが従兄弟のF・クレメンスを殺し、その妻を追放に処するに至って、頂点に達する。この二人はユダヤ教徒(あるいはキリスト教徒)だったらしい。とうとうこのドミティアヌスに怯え切った妻のドミティアは、友人たちや近衛軍兵士らと謀り、彼をその寝室で暗殺してしまった。九六年九月十八日のことである。喜んだ元老院は、彼の碑銘を至るところから削除し、また彼の名に呪いをかけて彼に関する一切の記録を抹殺することを決議した。

なお、ドミティアヌスの治世の終わり近く、キリスト教徒の迫害が帝国内(特に小アジア）で起こった。これは確かにドミティアヌスが個人的に指示したものではない。しかし、ネロ治世下と同様、キリスト教徒は一般ローマ人にとってはけしからぬ反社会的存在と映っており、とりわけ自らを「主にして神」と呼ぶようにというドミティアヌスの要求を肯定出来ないキリスト教徒は、容易に迫害に曝された。エフェソからは皇帝礼拝に使用された、等身の四倍もあるドミティアヌスの像も発見されている。

五賢帝時代の開始

ドミティアヌスの死後、元老院議員のネルウァ（Nerva）が元老院から元首に任命された（在位九六―九八年）。彼は温厚な性格で、とりわけ元老院と帝位の協調に心を砕いたため、政局は安定した。彼はまた元首になった時すでに六十六歳で子供がなかったため、九七年秋、上ゲルマニア総督のトラヤヌスを養子に迎え、共同統治者とした。これ以後、トラヤヌス、ハドリアヌス、アントニヌス・ピウスの四人の皇帝はそれぞれ子供がないか、あるいは失ったかで、そのためネルウァに倣って養子を迎えた。したがってこれを「養子相続帝政時代」と呼び慣わす。これは今までの皇室の、女性が絡んだ醜悪な帝位争いや、また愚昧な人物の即位を妨げることができたという意味でも、賢明な策であった。

事実、この四人に加え、アントニヌス・ピウス帝の養子になったマルクス・アウレリウス帝の計五人の皇帝は「五賢帝」(〔英〕Five Good Emperors)と称えられ、彼らの治世下、ローマ帝国はその権勢の最盛期を迎えることになる。元老院との協調も首尾良く行き、諸都市は繁栄し、また帝国は対外的にも安定した支配・拡張政策を遂行できたためである。『ローマ帝国衰亡史』の著者ギボン(E. Gibbon, *The History of the Decline and Fall of the Roman Empire*, 1776–88)は、これら「五賢帝」の時代を、「世界の歴史中、人類の状態が最も幸福隆盛であった時期」(村山勇三訳)と最大級に激賞している。ただし、この時代にすでに、後の衰亡の芽が出始めていたことも見逃すわけにはいかない。

皇帝ネルウァに戻ろう。彼はさらに、緊縮経済を敷いて国庫を建て直し、国が買得した土地を貧民に与え、またローマの下層民には穀物を分配した。イタリアや属州の植民地には恩恵が与えられた。その他、道路や水道施設の建設も行なった。そして二年の統治の末に亡くなると、それまでの共同統治者トラヤヌス(Traianus)が単独支配を開始する形で、問題なく元首となった(在位九八―一一七年)。

文芸方面で特筆すべきは、ユダヤ戦争後ローマに移住したヨセフス(Iosephus, ヘブライ名はマッタティア〔マタテヤ〕の子ヨセフ、ローマでは新帝の氏族名を称することを許され、フラウィウス・ヨセフスと名乗る)が、七五―七九年頃その有名な『ユダヤ戦記』(De Bello Iudaico)を、また九三―九四年には『ユダヤ古代誌』(Autiquitates Iudaicae)を著したことである。傾向性をもった著述ではあるものの、ユダヤ教イエス派の展開時のユダヤの歴史叙述として、彼の右に出る資料はない。

2 ユダヤ戦争後のパレスチナ

ローマの税

ユダヤ戦争後、すでに述べた(本書一〇六頁)ユダヤの収用地以外の土地でも厳しい租税が取り立てられ、加えてローマのパレスチナ駐屯部隊および行政官吏を支えるため、新しく「作物税」も設けられた。皇帝ドミティアヌスは、前述の「ユダヤ金庫」を拡大通用し、ユダヤ人の租税を増やしかつ厳格に取り立てると同時に、ローマにおけるユダヤ教への改宗を厳禁した。またアグリッパ二世が九二年頃に死ぬと、その領地をローマの所領として没収した(本書一三六頁)。

ガマリエル二世の活躍

一方ヨハナン・ベン・ザカイの弟子たちは、ヤブネを中心に、新たな律法研究に精魂を傾けた。やがてヨハナンがヤブネを退き、その後指導者として、ヒレル系で、ラバン・シメオン・ベン・ガマリエル一世の子のラバン・ガマリエル二世(Rabban Gamaliel II)が登場する。彼は最高法院（サンヘドリン）の総主教（ナーシー）の地位についたが（九〇年頃—一一〇年頃）、これはユダヤ人共同体の最高権威職を意味する。加えてこの総主教の地位は、紀元五世紀に至るまでの全期間、ほぼ一貫してダビデの末裔と人々の見なすヒレル家の系統によって担われた。これがユダヤ人にとって、イスラエル復興の最後的な希望の徴《しるし》であったことは、理解に難くない。

やがてガマリエル二世の許で、最高法院はほぼ紀元七〇年以前の権威を再獲得するに至った。法院は行政およびハラハー（宗教的生の規定）解釈に関する最高決定機関となり、またトーラー（律法）研究の中央教学院（イェシヴァ）となった。こうしてガマリエル二世の宗主権下タンナイーム（本書一八八頁参照）の第二世代（九〇年頃—一三〇年頃）が活躍する。かつてのヨハナン・ベン・ザカイの弟子ラビ・ヨシュア・ベン・ハナニヤ（Yehoshua ben Chananya）やラビ・エリエゼル・ベン・ヒルカノス（Eliezer ben Hyrkanos）が依然活躍しただけでなく、当初ヨハナン・ベン・ザカイには従うことをいさぎよしとしなかった学者たちも、ガマリエル二世のヤブネには結集した。広範な社会背景から集められたこれら「ラビ」たちが、新体制の中核を担ったのである。また、ディアスポラへの使節派遣も再開され、パレスチナとの結束も緊密化された。さらに「過越のハガダー（説話）」が成立し、神殿における犠牲儀式なしにも過越を祝えるよう、新しい式次第が確立された。

なお、ガマリエル二世は、九六年になってアンティオキアへ赴き、そこでユダヤ人共同体の首長として総督から正式に承認・叙任された。これがネルウァ帝の時代であることは容易に理解できる。フラウィウス朝は、ユダヤ戦争の指導者の一人であったラバン・シメオン・ベン・ガマリエル一世の子のガマリエル二世に、ユダヤの指導権を委ねることは出来かねたのである。だが皇帝ネルウァの時代になると、ようやくユダヤ人に対する宥和策が取られるようになった。

異端への呪い

キリスト教との分離も貫徹された。一世紀の終わり頃、ユダヤ教礼拝の基本をなす「十八祈禱文」(Shemoneh-Ezreh, シェモネー・エズレー)がようやく確定を見たが、同時に新たにその第十二条として、主にユダヤ人キリスト教徒を念頭に置いた異端者たちの滅亡を祈願する「ビルカト・ハ・ミーニーム」(birkat ha-minim, 異端者どもへの呪詛)が挿入された(そのため実は「十九祈禱文」になった)。これをパレスチナ式文によって引用すると

——

「背教者たちに望みが与えられないように。ごうまんなる王国はわれわれの時代に根絶されるように。またナゾラ人たち〔キリスト教徒〕とミーニーム〔異端者〕は一瞬にして

滅び、生命の書から消されて、義しい人びとと共に書き入れられないように。……」
(加納政弘訳、秀村・新見・荒井他(編)、『原典新約時代史』山本書店所収)

ネルウァによる「ユダヤ金庫」の扱い

皇帝ネルウァは、「ユダヤ金庫」の適用を穏健化し、それ以来「ユダヤ教徒」か否かは申告制となった。逆に、ユダヤ人であってもその帰属を申告せずにキリスト教を奉じる者は、「ユダヤ教徒」ではなくなった。しかしこのことは結果的に、「ユダヤ金庫」がユダヤ教とキリスト教を原則的に峻別する「踏み絵」と化したことをも意味した。

正典結集

さらには、一般に九〇年頃と言われている(旧約)聖書の正典結集が挙げられる。これも主にキリスト教会との対決から生まれた。すなわち、教会側が「七十人訳」(Septuaginta, セプテュアギンタ)といわれる聖書のギリシャ語訳(紀元前三世紀以降完成)を用いてユダヤ教と論争を遂行したため、ユダヤ教側でも正規の教典確定が急がれたのである。

また時と共にハラハー(法規)の解釈法がヒレル系統に統一化され、シャンマイ派の伝統は排除されて行った。「ヒレル家の教えに逆らう者は誰でも死に値する」とすら言われた。

第二節　「キリスト教」成立への苦闘

キリスト教の成立

この時期は、すでに示唆したように、ユダヤ教イエス派がユダヤ教から明確に分かれ、一夜にして「キリスト教」として独自の発展を遂げ始めた時代である。もちろん、七〇年を境に、「キリスト教」になったという意味ではない。イエス派のユダヤ教離れは、地域や共同体によって程度の差はあれ、それ以前に徐々に進行していた。しかし七〇年という年に、それまでのユダヤ教のいわば総本山であったエルサレムとその神殿体制が壊滅したとき、ユダヤ教イエス派は決定的な脱皮と独立の時期を迎えたのである。したがって、七〇年以降の同運動の姿を描くときから、「キリスト教」という言葉を使うことにする。

さて、キリスト教が独立するに当たっては、当然ながら「自己」の確立が必要である。これまでのユダヤ教との関係を総括し、それとの自己の爾後《じご》のあり方を明確にし、何よりも自らが何に根拠づけられた共同体運動なのかを自他に対して鮮明にしなければならない。言葉を替えれば、自己のアイデンティティの確立が急務になるのである。この課題に面して、新生キリスト教の内部で二つの重要な動きが見て取れる。一つは「福音書」の成立であり、もう一つが「パウロ書簡」の蒐集と編集である。

福音書の誕生

まず、福音書の成立から述べよう。もっとも、今問題にする書物が「福音書」(〔ギ〕euangelion)――すなわち「福音」(euangelion,「良き音信《おとずれ》」の意)という、キリスト教の根本報知そのものと同語――という名前で呼ばれるのは二世紀半ば以降である(本書二二一―二二三頁参照)。また同様に、これらに「マルコ」「マタイ」「ルカ」「ヨハネ」という名前が付けられたのも二世紀になってからである。当初はおそらく、この文学類型には独自の名もなく、また著者たちの真の名前も不明のものであったろうと思われる。

実のところ、成立したのは、イエスの「生と死」を描く物語文学の形式である。したがって、広義には「伝記」(vita)に属するものであろうが、宣教的関心その他によって独特の変貌を遂げたものとなっている。以下においては、便宜的に(そして時代錯誤を覚悟で)、「マルコ福音書の成立」等々の用語を使用することにする。

マルコ福音書の成立

最初に登場するのは、「マルコによる福音書」である。時期はおそらく、ユダヤ戦争の終結後、すなわち七〇年代である(マコ一三章参照、通説は「七〇年頃」)。成立地は確かでないが、シリア、デカポリス、ローマ等様々な説がある中では、南シリア説が最も蓋然性に富むと思われる。

いずれにせよ、「マルコ」と呼び慣らわされているおそらく異邦人出身の作者は、奇蹟物語伝承(群)や受難物語伝承を中心に、様々なイエス伝承を収集・編集し、登場からその非業の死に至るまでのイエスの姿とその活動、および彼とその「弟子たち」との関係を生き生きと描出することに成功した。イエスの「福音」が、抽象的な「ケリュグマ」(宣教用の短い文章)の中に埋没することなく、生きたドラマ性に富んだ物語として、それもイエスが悲劇的な没落を通して凄惨に死んでいく物語として現前することになったのである。作者は、この物語の総体こそ「福音の源《みなもと》」(一1)であるという主張のもと、その作品を読者に提示している。

他方、作者が想定しているそれらの読者は、周辺からの迫害の危険の只中にある(一三章など参照)。作者は、その彼らにこのイエスの姿が逆にインパクトを与え、かえって彼らの勇気を奮い立たせることになることを願ったのであろう。また同時に、このように物語形式で提示されることによって、イエスの生の現実的・社会的次元が抽象的に失われることなく、鮮明な像を結ぶことになった。「罪人どもや徴税人ども」(二16)と共に生き活動し、やがて惨殺されていったイエスの姿が生々しく捉えられたのは、マルコの大きな業績と言える。(ただし、本文批評学的に見て、現在のマルコ福音書が、元来のマルコ福音書に微細な文言修正の加わった版である可能性も存在する。)

マタイ福音書の成立

主としてイエスの語録を集めたQ文書の担い手集団は、おそらくユダヤ戦争前にパレスチナを離れ、やがてシリア方面などに分かれていったと思われるが、その中の一グループの伝承は、若干とはいえ独自に発展した形を取っていった(Qマタイと言われる)。このQ文書と同時に、マルコによる福音書をも手にした共同体があった。折しも彼らは、今まで自分たちの宣教に耳を貸さなかったユダヤ教共同体から決定的に離れ、異邦人を対象にした宣教へと方向を自覚的に転換している時であった。

そこで一人の編集者が、マルコによる福音書を骨組みにし、それに彼の手元に至った形のQ文書を散り込ませ、自分たちの現状により適合した新しい福音書を編んだ。これが後代「マタイによる福音書」と呼ばれる文書である。成立は八〇年代、シリアのある中都市で成立したものと思われる。作者は、処女懐胎の観念(一18以下)や「血を飲む」という聖餐表象(二六28)がユダヤ人には許容困難なものであることからして、ユダヤ教に通じてはいるが、根本では異邦人出身のキリスト教徒のように思われる(通説では「ユダヤ人キリスト教徒」)。いずれにせよ、この福音書の最大のテーマは、現実のユダヤ民族との決別およびユダヤ教からの脱皮にある。

ルカ文書の成立

Q文書の担い手の別のグループは他のコースを辿り、シリアないしは小アジアの都市に落ち着いたらしい。そこで元来の資料はさらなる「イエスの言葉」で拡大され、特にイエスの譬話《たとえばなし》を中心とした新たな資料群と結ばれて拡張された(これをQルカという)。やがてこの文書は、マルコ福音書の中に挿入される形で――すなわちマタイ福音書の場合に似て、しかし異なった手法で――編集され、新たな福音書となった。「ルカによる福音書」と呼ばれることになる文書の誕生である。その中では、著者の共同体信仰を基礎付ける「イエスの時」が過去の歴史として描出されている。成立はマタイによる福音書と同じか、やや遅れて八〇年代後半から九〇年代前半頃、おそらくかなり大きな、ユダヤ教の影響の強いヘレニズム的都市においてのことであろう。正確な場所は、ローマか、シリア沿岸か、あるいは他の地方か、分からない。

著者は「医者ルカ」(フィレ24、コロ四14、IIテモ四11)と結び付けられ、ルカと呼ばれているものの、実は不明である。ただし、自らは異邦人キリスト教徒であろう（なお以上の「マルコによる福音書」、「マタイによる福音書」および「ルカによる福音書」は、お互いの構成上相似関係にあるので、これら三福音書を「共観福音書」（〔英〕Synoptic Gospels）と呼んでいる）。

ルカの作品は、しかし、これだけで終わらなかった。彼は「イエスの時」を描いた福音書に次いで、「教会の初めの時」を物語る書物を書いた。後に「使徒行伝」（または「使徒言行録」）と名付けられるようになった作品で、キリスト教の報知がいかにエルサレム原始教会から異邦人に及び、さらにはパウロに担われて帝国の首都ローマにまで至ったかを強度に理想化しつつ述べている。それによって、彼の共同体の者たちは、自らの伝統の真正さを確信し、新たなアイデンティティを培うべきなのである。と同時にこれは、ルカによる福音書と並んで、キリスト教がいかにローマ帝国とその権力に対して無害なものであるかを弁証しようと試みる、護教（apologia）の書でもある。成立したのは九〇年代であろう。

ヨハネ圏内の文書

なお、先に述べた三つの共観福音書の他に、もう一つ大事な福音書（およびそれを成立させた共同体）が存在する。「ヨハネによる福音書」である。伝統的に「ヨハネ」と呼ばれているこの福音書の原著者は、おそらく九〇年代、南シリア(異説はエフェソ、エジプトのアレクサンドリア等)の、ユダヤ教の支配力の強い地域のキリスト教共同体のカリスマ的指導者であったと推測される。

彼は、独自の奇蹟物語集(いわゆる「しるし資料」〔Semeia-Source〕)や受難物語およびその他の資料を融合し、かつすでに存在していた共観福音書を間接的に前提にしつつ、自らの固有の神学を貫いて新しい福音書を編んだ。目的は共同体の内的強化である。当時この共同体は、自らがユダヤ教の激しい攻撃に曝《さら》されていると理解しており、加えて洗礼者《バプテイスマ》ヨハネの弟子たちの集団とも競合していた。ただしこの福音書は、原著者によって現今の形に完成されたのではなく、彼の後、その弟子たちの編集の手を経て最終的形態を取るに至ったものである(とりわけ二一章参照)。

また、この同じ共同体(およびその圏内)の中から、一世紀の終わり頃、「ヨハネの第一の手紙」、「ヨハネの第二の手紙」、「ヨハネの第三の手紙」が著された。前二者の中での最大の問題は、キリストが肉体をとって現れ、磔死したことを否定する仮現論的グノーシス主義(後述)との戦いである。一世紀も終わりに近づくにつれ、キリスト教自体の内部に大きな原則的対立が生まれて来たことが推察される。第三の手紙では、そうした原則理解が問題ではないようであるが、これは単独司教体制へ向かい始める途上での指導権争いとも理解できる興味深い短信である。

なお、このヨハネによる福音書の数節（一八31―33、37―38）を含む、新約関係最古のパピルス断片が二十世紀前半にエジプトで発見されている。いわゆるライランズ・パピルス四五七（新約聖書本文批評で言う「パピルス五二番」）で、書かれたのは二世紀の初めと判断されている。これはヨハネによる福音書の比較的早い成立を証すと共に、先に述べたエジプトのキリスト教が早くから興隆を見せていたことを暗示していよう。

パウロ圏の動き

ところで、前の時代に活躍したパウロの宣教の成果はどうなったであろうか。確認できるのは、パウロの弟子たちともいうべき後継者たちが、使徒の遺産を継承・発展させて行ったことである。そのためまず、パウロの手紙が集められ、編集され、学ばれた。

それが、新たに独立したキリスト教のアイデンティティ確立のためには、最大の策の一つであった。なぜかと言えば、パウロが提示した、律法（トーラー）を超越した救いの教説が、キリスト教をユダヤ教から分離するのに最適であったためである。そのために、一時代前はマイノリティでしかなかった「跳ね上がり者」で「急進派」のパウロの教えが、七〇年以降、にわかに脚光を浴び始めたのである。律法に従い、割礼を受けてユダヤ人になることを全く必要としない、しかしイスラエルの伝統直伝の救いを確証する教えこそ、皆の望んだイデオロギーだったためである。

しかしこれは、おそらくパウロ自身の意図とは全く異なるものである。彼は決して自らをユダヤ教から切り離そうとはしなかったどころか、自分こそユダヤ教の神の新たな啓示に最も忠実であろうとする者と理解したからである。だからこそ、最後に彼はエルサレムにいわば和解の旅をしようとし、それ故に捕まって命を落としたのである。このことを考えると、このパウロ評価の急激な高まりは、歴史の皮肉の一つであることが分かる。

コロサイ書の位置

同時に、これらの手紙を精読した彼らは、自らが理解したなりのパウロの精神で、彼らの時代の問題と対決して行った。その最初の明確な具現が「コロサイ人への手紙」である。ここでは一人のパウロ学徒が、パウロによって五四年頃コロサイの教会(およびその他付近の教会)に宛てられたという体裁の手紙を創作する。その意図は、教会の内部の異端的存在への反駁にある。すなわち、教会の中に、ヘレニズム的宗教混交に基づく諸々の宇宙的「霊力」(ストイケイア)の認識と崇拝をキリストに至る決定的要素とする、「哲学」信奉者たちが生じたのである(コロ二8)。彼らはそこから、元来ユダヤ教に由来する暦法や食物規定を自らの「霊力」崇拝に適合させ、同時に極端な禁欲主義に陥った(コロ二16、21)。著者は、これが本来のキリスト中心主義とそこから来る信仰生活の放棄を意味すると判断し、この警告の書を著したのである。成立の時期は正確には不明であるが、八〇年代、場所はエフェソあたりが一般に想定されている。

このコロサイ人への手紙は、後のパウロ学派の発展にとって、極めて重要な意味を持っている。この手紙に直接依存し、そのとりわけ神話的・思弁的側面をさらに進化させる形でやがて「エフェソ人への手紙」が出現し、その流れが後にアンティオキアのイグナティオスに連なると同時に、キリスト教グノーシス主義の中のパウロ像へと連結していく。

他方、コロサイ人への手紙の中にある、伝承されてきた教説への忠実さを貫くという思考(二7)は、やがて「テサロニケ人への第二の手紙」を経つつ、後の「牧会書簡」に連結し、「初期カトリシズム」(五世紀以後の「正統派」教会体制にいたる前段階をこう呼ぶ)のイデオロギー的母胎となっていく。つまり、後代のパウロ主義の、いわば左派と右派が同居しているのがコロサイ人への手紙なのである。

第二テサロニケ書とエフェソ書

「テサロニケ人への第二の手紙」の著者は、彼の関わる教会圏において、同じくパウロの名前に依拠しながら「主の日は既に来てしまった」(二2)という(著者によれば)誤った終末論を説いている者たちを攻撃すると同時に、「怠惰な生活」(三6、7、11)に慣れ親しんだ者たちに、パウロの教えに従って勤勉な生活を送るよう勧告する。同書は、とりわけ「テサロニケ人への第一の手紙」をモデルにし、マケドニアか小アジアで、大体九〇年頃から一世紀末頃にかけて成立したものであろう。

「エフェソ人への手紙」は、「エフェソ人」に宛てられたとは伝承されているものの、一章1節「エフェソにいる聖徒たち」の中の「エフェソにいる」は本文批評的に二次的であり、元来は具体的な宛名のない回状であったと思われる。その際著者の念頭にあったのは、異邦人キリスト教徒がユダヤ人キリスト教徒(およびユダヤ教)の担ってきた救済史的伝統から離脱してしまい、教会の普遍性が崩壊してしまうという危険であった。これに対して著者は、混交主義的・秘儀的・神話的神学思弁を用いつつ、異邦人キリスト教徒たちに勧告を与える。また著者はコロサイ人への手紙を文書として目の前に持っており、自らの意図に即してそれを発展させている。執筆時期は一世紀の終り頃、成立地は小アジアあたりが妥当であろう。

こうして見る時、パウロ学派もまた、パウロの報知を保持して自己のアンデンティを確立しつつ、教会員の一致を追求し、教会内部の分派化と戦っていたことが分かる。しかしそれは逆に——そしてある意味ではより公平に——言えば、パウロ学派自体の内部に、それぞれ独自にパウロを「現在化《アクテュアライズ》」する(過去の伝承を現在でも有意義なものとすること)様々な潮流が存在し、各々が自己のキリスト教的アンデンティティの獲得に必死であったとも言えるのである。

ドミティアヌス治世の迫害下で

九〇年代のキリスト教界に大きな衝撃を与えた事件は、前述のように、ドミティアヌス帝晩年(九六年九月死)の時期に到来した大迫害である(本書一三七—一三八頁参照)。それは特に小アジアにおいて激しかった。この危機に臨んで、エフェソを初めとする小アジア諸都市のキリスト教徒を励まし、死を賭しても信仰に忠実に留まるよう勧告し続けているのが「ヨハネの黙示録」である。四章11節において、「主にして神」というドミティアヌス皇帝が自らに要求した称号が、意識的に天の神に対して使われているのは偶然ではない。同時にこの書においては、迫り来る迫害を背景に、ローマ帝国という悪魔の滅亡と天国の到来を待望する強烈な終末意識が沸き出している。

おなじくドミティアヌス帝治下の迫害を背景にして、一世紀の終わり頃成立したと思われるのは「ペトロの第一の手紙」である。これは「ポントス、ガラテヤ、カパドキア、アジア、ビティニア」(一1)の教会に宛てられた、苦難を前にしての慰めと勧告の書であり、成立地もおそらく同地方であろう(異説では、五章13節の「バビロン」がローマを表わす隠語であるため、ローマにて成立)。

ヤコブ書とヘブライ書

さらに二つの独自な新約文書について触れる。一つは、八〇年代頃に成立したと見なされる「ヤコブの手紙」である。成立場所も、五章7節の気象状況等を加味すれば、おそらくシリアではないかと思われる。著者は一般的な知恵文学的勧告文を書き連ねているようでありながら、実は教会内外の世俗的権益獲得に走る都市富裕層志向の信者たちに対して、強い勧告と警告、場合によっては断罪の言葉を発している。そうした彼らが、とりわけパウロの義認論を(意図的に?)曲解し、勝手に我田引水することによって信仰の倫理性を骨抜きにするさまには、特に厳しい批判が加えられている(二14以下)。

もう一つは八〇—九〇年頃書かれたと思われる「ヘブライ人への手紙」である。この題名は二次的で、実は宛名のない「勧告の言葉」(一三22)すなわち説教(集)である。これは、信仰に倦み疲れ、迫害や誘惑に会い、果ては信仰を放棄する危険に陥った、おそらくイタリア(ないしローマ)のキリスト教徒(一三24参照)を念頭に置いて著された書である。なお、その中の「大祭司キリスト」論はユニークなキリスト論である。七〇年にエルサレム神殿が滅び、祭儀礼拝が不可能になってしまったことを踏まえ、真の「大祭司」であるイエスにおいて、そうした祭儀行為の一切が「ひとたび」(九27—28など)——つまり決定的に——満たされてしまったために、神殿祭儀はもはや原理的に必要ないことを論証しようとしている。

最古の使徒教父文書

最後に新約文書ではなく、また後代の教父文書でもなく、いわばその中間の「使徒教父(〔英〕Apostolic Fathers)文書」に属する「クレメンスの第一の手紙」に触れておく。これはドミティアヌス治下の迫害の直後(一1)、すなわち九七年頃、ローマ教会の監督ないし長老の代表格であったクレメンス(Clemens)という人物が、コリントの教会に宛てて書いたものである。

すなわちコリント教会では、若年の者たちが長老の幾人かを職務から解任し(一1、三3、四四3—4、6)、そのため、教会内部に混乱と分裂が持ち上がったとされる。著者は、監督ないし長老の職務が直接使徒に連なり、したがって最終的にはキリストを介して神に立てられたものであることを強調し、それ故、彼らを罷免することは罪に他ならないと宣言する(四二および四四章)。また同時に、規律の確立に向けて種々の勧告がなされる。この書は、すでに一世紀の終わり頃、ローマ教会が他教会に干渉が出来るほどの地位を有していた(と自ら信じていた)ことと同時に、教会内の役職制が明らかな神的権威を付与され始めていたことを証しており、後のローマ・カトリック教会体制の萌芽が認められる文書である。

第五章　キリスト教の伝播・迫害・内部抗争

（一〇〇年頃—二〇〇年頃）

この百年間、ローマではまず五賢帝時代が到来する。ローマ帝国の頂点の時期である。しかし、ネルウァを継いだトラヤヌス、そしてハドリアヌス、アントニヌス・ピウスの最盛期を経て、五番目のマルクス・アウレリウス帝の治世になるとすでに斜陽の影が差し始め、二世紀末の愚帝コンモドゥス時代からは、明らかに坂を下りるように危機を深めていく。

キリスト教と完全に袂を分かったユダヤ教は、ローマの支配に対し一再ならず反乱を企てる。とりわけパレスチナのユダヤ人の再度起こした大戦争は、同地を文字通り壊滅させた。しかしユダヤ教は不死身の力で甦り、ローマに徹底した忠誠を尽くしつつ、己の伝統を確保・貫徹した。

他方キリスト教は、着実に広がって行きつつも、その内と外では、様々な困難に直面することとなる。とりわけキリスト教内部の分裂、すなわち、主流派の「正統派教会」（これを「大教会」とも言う)側からすれば、「異端」との戦いの問題である。

第一節　初期キリスト教周辺の世界

1　斜陽の兆すローマ帝国

版図の最大化

優秀な軍人であったトラヤヌス(Traianus, 在位九八―一一七年)は、登極の後、積極的な対外策に転じた。すなわちまず、すでにダキアを念頭において戦争準備をし、一〇一年、自ら軍を率いてドナウ川を渡った。やがて一〇二年、ダキアの王デケバルス(Decebalus)の首都サルミゼゲトゥサを占領し、王と和平した(第一次ダキア戦争)。一〇五年には再び戦争となったが、一〇六年首都は再び落ち、デケバルス王は逃避行の途中で死んだ(第二次ダキア戦争)。こうしてダキアはローマの属州となった。この戦勝によって、ローマにはダキアの鉄と金がもたらされることになり、国庫が潤った。またトラヤヌスは、ダキアに退職兵やシリアおよび小アジアの民を植民として送り込み、先住民のダキア人をローマ化させた。現今のルーマニアの国名(Rumania,「ローマ人の住む地」)は、このローマ化政策の名残である。

この年、元老院はトラヤヌス凱旋柱を建立したが、そこには皇帝のダキア遠征の模様が詳しく浮き彫りにされている。また同年、ローマはナバテア王国（本書二三頁参照）を征服し、属州アラビア（Arabia）とした。

ローマ軍はまたアフリカにおいても、サハラ砂漠との境にまで覇権を拡張した。今のアルジェリアにあたる属州ヌミディア（Numidia）には、一〇〇年、見事な設備を備えた植民都市タムガディ（Thamugadi）が建設された。

さて、トラヤヌスはダキア戦争終結後、その関心を東に向けた。折しもアルメニアの王位をめぐって口実が出来たため、トラヤヌスは一一三年、パルティア遠征を起こす（一一三―一一七年）。一一四年、アルメニアはローマの属州にされる。また元老院はトラヤヌスに「最高の元首」（Optimus Princeps）の称号を付与した。一一五年には彼はメソポタミアに侵攻、さらに一一六年にチグリス川を越え、首都クテシフォンを占領した。これによって彼は自らをパルティア王（Parthicus）とも称するようになった。さらに彼は勢いをかってチグリス川を下り、ペルシア湾にまで至った。こうしてメソポタミア一帯の全域が支配下に入り、属州アッシリアおよび属州メソポタミアとなった。ここでローマ帝国の版図は史上最大の規模に達した。

しかし一一五年にはすでにエジプトやキレネでユダヤ人の反乱が始まっており、またメソポタミアでも一一六年、被征服民たちの反逆が起こった。同時にトラヤヌス自身が病を煩った。そこで彼は拡張策を放棄し、パルティアには傀儡王《かいらいおう》を立て、帰路に就いた。しかし病状は悪化の途を辿り、皇帝はとうとう一一七年夏、キリキアに至って息絶えた。

拡張策の理由

トラヤヌスを継いだのは、もともとトラヤヌスと遠縁で、その死の直前に養子にされた（あるいはそのように周りが演出した）ハドリアヌス（Hadrianus, 在位一一七―一三八年）である。彼の治世の最大の課題は、トラヤヌスに至るまで拡大し続けたローマの領土の保全にあった。

そもそも、フラウィウス朝からトラヤヌス帝に至るまで、何があのような対外的拡張策をとらせたかについては種々の説がある。これを経済的に見てみよう。イタリアの農業の大きな部分は奴隷を使った大農場である。したがって、征服戦争がなくなると必然的に奴隷の供給源が枯渇して来ることになる。加えてそこで生産される葡萄酒やオリーブ油の従来の市場であったガリア、スペイン、アフリカ等でもやがて同じ作物を生産するようになり、市場が欠乏し始めた。したがって改めて拡大征服策に出ざるを得なかったと言える。

しかしこのような軍事的行動は逆にはなはだ財政的重圧と化して行き、とうとうハドリアヌスに至って、方針の転換を迫られることになった、と見ることが出来る。

ハドリアヌスの政策転換

ハドリアヌスはこれまでの積極拡張策を放棄し、防御の姿勢に転じた。そのため彼は、その治世期間の半分以上を、属州を監察しつつ国境防衛線を強化することに費やした。まず彼は、トラヤヌスの東方政策を放棄し、パルティアと和平を結んだ(一一七年)。その際に、属州アッシリアとメソポタミアを手放し、ユーフラテス川を国境とすると同時に、アルメニアを再び庇護国の地位に戻してパルティア系の王を認めた。

ダキアは一一八／一一九年頃、上ダキアと下ダキアの二部に分けられ、管理の強化が計られた。一二一年、皇帝は第一次属州監察の旅に出(一二六年まで)、ブリタニア、スペイン、小アジア、近東、ギリシャ等を訪れている。一二二年にはブリタニアにおいて「ハドリアヌスの城壁」を築き、北方の防備を堅固にした。ゲルマニア方面でも長城(リメス)が強化された。

一二六年、第一次属州監察旅行から帰ったハドリアヌスは、その後アフリカに旅し、さらに一二八年には第二次属州監察旅行(一二八―一三四年)に出た。今回は小アジア、アンティオキアを通り、一三〇年にはユダヤを訪問した。ここで彼は突如、エルサレムをコロニア(Colonia, 植民地)・アエリア・カピトリーナ(Aelia Capitolina, ハドリアヌスの家名アエリウスとローマの最高神名ユピテル・カピトリヌスの合成)という名のユピテル神殿を擁する異教の都市に再建する作業を始めたのである。これはそれまで親ユダヤ的であった皇帝の態度の急激な変化を意味し、ユダヤ人に激しい衝撃を与え憎悪を燃え立たせた。

ハドリアヌスはその後エジプトに向かい、一三一年にはシリアに戻り、アテネで冬を越した。そしてアテネを去ってバルカン半島に向かった頃、ユダヤでバル・コクバの乱すなわち第二次ユダヤ戦争(一三二―一三五年)が勃発したとの報を受け取った(後述、本書一七八―一八〇頁)。ハドリアヌスは一三三年に自らユダヤに赴いている。その後、彼は一三四年にローマに戻り、第二回の属州監察の旅を終えた。一三五年にはバル・コクバの乱も鎮圧された。

こうしてハドリアヌスは、ローマのほぼ全世界を自らの足で踏んだことになる。有名な伝承によれば、皇帝はこの間断なき監察旅行のため、詩人のA・フロルス(Florus)から次のように風刺されたという。

「私は皇帝にはなりたくない。ブリタンニ族の間をさまよい、……をこそこそ歩き回り、スキティアの冬を堪え忍ぶのはご免だ」

これに対して、文才のある皇帝はこうもじって答えた。
「私はフロルスにはなりたくない。居酒屋をさまよい、大衆食堂をこそこそ歩き回り、丸々太った虫けらどもを堪え忍ぶのはご免だ」(『ヒストリア・アウグスタ』「ハドリアヌス伝」一六・三—四、本村凌二訳、古山・中村他(編)、『西洋古代史料集』東京大学出版会所収)

ハドリアヌスの成果

事実この旅行は様々な成果をもたらした。すでに述べたように国境防備体制が整えられただけではない。軍隊に関しても、彼は自ら範をたれて軍紀を律すると共に、様々な構成上の改革を遂行した。軍制も各地に駐屯する軍団がその地で新兵を補充するように改めた。さらには帝国の重要な諸制度も、ハドリアヌスによって整備・確立された。すなわち、帝国の行政制度、官僚制、および属州の統治組織が整えられた。属州には新たに都市が興され、建物、道路、港湾、水道等の公共施設が建設された。またハドリアヌスは初めての哲人皇帝として、特にギリシャ文化を愛好してその復興を計り、とりわけアテネの整備には意を用いた。アテネ市の中央区域を拡大し、図書館を建て、またギリシャ最大のゼウス神殿オリンピエイオンを造った(一三〇年)。

その彼を、一三六年以来病が見舞うようになった。一三八年、彼はアルリウス・アントニヌスを養子にし、さらに後者がマルクス・アンニウス・ウェルス(後のマルクス・アウレリウス)およびルキウス・ウェルスを養子にとるように命じた。その後しばらくして、同年七月ハドリアヌスは世を去った。

安泰のアントニヌス・ピウス時代

後を継いだアルリウス・アントニヌスは皇帝アントニヌス・ピウス(Antoninus Pius, 在位一三八―一六一年)として知られている。「ピウス」とは「敬虔な」という意味であり、これはすでに一三八年の秋、元老院が彼に与えた添え名である。この名の通り、彼は倹約に心がけ、立法・司法の公正を期し、また属州の管理が軋轢《あつれき》なく行なわれるように心を用いた。さらには古い慣習の再興を計り、宗教の援護に心がけ、一四七年にはローマ建国九百年祭を催している。一四四年には大地震が小アジア西部を壊滅状態にしたが、皇帝はエフェソ等の困窮した震災諸都市をよく援助した。

対外的に見ると、一四一年、ブリタニアでの騒擾《そうじよう》の後、エディンバラとグラスゴーの間にアントニヌス長城が建設された。同年以降、北アフリカのマウレタニア(Mauretania, 現在のモロッコとアルジェリアの一部)では争乱が続いたが、一五〇年に至って結局抑えつけられた。一四八年にはゲルマニアでも戦争が起こり、長城(リメス)はさらに先へと延長された。これまで上下の二地区に分けられていたダキアは、一五八年、三区域に細分化され、管理が綿密化された。その他アラニ族との戦争や他の民族との抗争も発生した。しかし全体的に見れば、アントニヌス・ピウス治下、帝国はよく治まっていた。

マルクス・アウレリウス時代の厄災

一六一年三月にアントニヌス・ピウスが死ぬと、その養子で四十歳のマルクス・アウレリウス(Marcus Aurelius, 在位一六一—一八〇年)が帝位に就いた。ただし彼は先帝の言葉に従って、弟養子のルキウス・ウェルス(Lucius Verus, 在位一六一—一六九年)を共同統治者にし、こうして二重元首政が発足した。

しかし間もなく、様々な戦争や危機がまるで申し合わせたように到来する。一六二年、ゲルマニアのカッティ族やブリタニアのカレドニア族が反乱を起こし、鎮圧された。同年、パルティアのウォロゲセス三世がシリアを占領、アルメニア、カパドキアにも侵攻し新たな戦端を開いた(一六二—一六五年)。このためマルクス・アウレリウスはルキウス・ウェルスをその地に派遣。ルキウスは軍事的には無能であったが、優秀な将軍が付いていた。一六三年には将軍プリスクスがアルメニアの首都アルタクサタを占領、一六五年には将軍カッシウスがドゥラ・エウロポスの戦いに勝った後、セレウキアおよびクテシフォンを占領し、メソポタミアを制圧した。しかし突如疫病が勃発、このためローマ軍は急ぎ和を結び撤退、結局北メソポタミアだけがローマの手に残った。この疫病は天然痘だったらしく、その後一八九年まで帝国一体にわたって猛威を振るい、帝国人口の三分の一とも二分の一とも言われる人口が死滅した。

マルコマンニ戦争その他

他方一六六年頃から、北辺民族がドナウ川中流の国境を侵犯し出す。そして一六七年にマルコマンニ族、クァディ族等がイタリアに侵入、これを迎え打つことで第一次マルコマンニ戦争(一六七—一七五年)が開始された。これは両皇帝を戦線に赴かせるが、その間にウェルスは卒中で死亡(一六九年)、以後マルクス・アウレリウスの単独統治となった。この戦争においてマルクスは、皇室財宝を売却し、傭兵をもとに新たに二軍団を結成した。様々に困難な局面がありながらも、彼の尽力でゲルマン族はようやく撃退された。

この戦争の陣営において、ストア派の哲学者でもある皇帝は、戦塵にまみれつつ、自らの魂との対話をギリシャ語で書き綴った。これが有名な『自省録』(Ton eis heauton)である。

一七五年、この戦争が終わりに近づいた頃、先にパルティア戦争でメソポタミアを制圧した将軍のカッシウス(Cassius)が、皇帝が死んだとの誤報に基づき、シリアにて自ら皇帝を名乗る事件があった。マルクスは東方に急ごうとしたが、カッシウスは三カ月後には自らの兵隊に殺され、マルクスにとっては事なきを得た。しかし彼はこの事件に促され、ローマに戻ると一七六年、息子のコンモドゥスを共同統治者に任命し、自らの後継者にした。これは息子が決して誉めた資質の持ち主ではないにもかかわらず下した判断で、マルクスの治世の唯一の誤断とすら言われている。また同じ一七六年には、マルコマンニ戦争の勝利を記念するマルクス・アウレリウス記念円柱が建設された。

しかし、一七七年には再びマルコマンニ族との戦争が勃発した(第二次マルコマンニ戦争、一七七―一八〇年)。皇帝は戦地に赴いたが、一八〇年、現ウィーンの陣地でペストにかかり、命を落としてしまった。

哲人皇帝の苦悩

マルクス・アウレリウスは、プラトンの「哲学者が支配するか、支配者が哲学すれば、国家は栄える」という言葉をモットーにしていた文字通りの哲人皇帝であった。彼は元首という地位にありながら、質素な生活を実践し、できるだけストア的博愛に生きようと尽力しつつ、公正で慎重な施政を貫いた。しかしローマ帝国はすでに下降期にあり、その傷みだした機構維持の重責を担った者として、彼は現実には戦争をし、殺し、追放せざるを得なかった。この矛盾は、その『自省録』の中において、深い無常感と悲哀を帯びた諦念、そして緊張した倫理感の並存となって現れている。

「やがて待つ間もなく、灰かミイラとなり、名のみが残るか、あるいは、その名すらあとかたもなくなる。その名も、畢竟、たんに音声であり、こだまであるにすぎない……」

「はてしなき無限の時のうち、どれだけの部分が各人に分かち与えられているというのか。みな速やかに永遠のなかに消えていくではないか……この大地全体のうち、いかほどの粒の地に、おまえは這いまわっていることか。これらすべてを心に銘じ、けっして傲ることがあってはならぬ。ただ、おまえの自然の導くがままにことをなし、共通の自然のもたらすがままに、それを受けることである……」

「この世からいまはもう去ることのできる者のごとくに、すべてのことをなし、言い、そして考えよ……」(『自省録』五・三三、一二・三二、二・一一、鈴木照雄訳、『キケロ・エピクテトス・M アウレリウス』〔世界の名著13〕中央公論社所収)

愚帝コンモドゥス

マルクス・アウレリウスが死ぬと、その子コンモドゥス(Commodus, 在位一八〇―一九二年)が帝位に就いた。だがこれによっていわゆる五賢帝時代は終焉を見、ローマ帝国は明らかな下降線を辿り始める。

コンモドゥスは第二次マルコマンニ戦争を、マルコマンニ族およびクァディ族を庇護国にするという、ローマからすれば不利な条件で和平終結させた。ローマはこれによって対外的にはその積極策を放棄してしまったことになる。

そもそもコンモドゥスは、最初のうちこそ目立たなかったが、やがてその暗愚さを表し、浪費と放蕩と暴虐にしか才のない支配者であることを明らかにした。政治は近衛軍人や宮廷役人が牛耳った。すでに一八二年にはコンモドゥス暗殺計画が発覚したが、これは弾圧した。しかしやがて、再びコンモドゥスは側近の引き回すところとなった。加えて彼は宗教に凝りだし、自分をミトラやヘラクレスの生まれ変わりであると信じ込んで常軌を逸し始めた。

その誇大妄想的性格は、彼が元老院に手紙を送る際に常用したという書き出しに、すでに現れている。

「最高司令官〔皇帝〕・カエサル・ルキウス・アエリウス・アウレリウス・コンモドゥス・アウグストゥス・ピウス・フェリクス・サルマティクス・ゲルマニクゥス・マク

シムス・ブリタニクス・全世界に平和をもたらす者・不敗なる者・ローマのヘラクレス・ポンティフェクス＝マクシムス（最高司祭長）・十八回目の護民官職能保持者・八回目の最高司令官・七回目の執政官・祖国の父（なる私より）、執政官たちへ、政務官たちへ、護民官たちへ、コンモドゥスの好運なる元老院へ挨拶を送る。云々……」（ディオ・カッシウス『ローマ史』七三・一五・五―六）

彼はヘラクレスの格好をした自分の彫像を無数に立てさせた。また格闘競技その他の遊び事にも熱中し、自ら闘士として公衆の前に出さえした。凄まじい額の金銭が浪費され、とうとう財政が傾きだした。元老院とはすでに久しく宿敵の関係になっていた。そしてこの間に、間断なき騒擾が北ゲルマニアを見舞い、またイタリア、ブリタニア、ガリア、およびアフリカにおいて反乱が燻《くすぶ》り、かつ勃発した。とうとう堪えきれなくなった近衛指令官および側近者たちは、帝の妾とも共謀し、ある闘技士を使って皇帝を風呂場で縊《い》死《し》させた。一九二年の大晦日の日であった。このいわば「第二のネロ」の死に狂喜した元老院は、早速彼の記録を公に抹殺する決議をした。

コンモドゥス直後の混乱

コンモドゥスの死後は、帝位をめぐって、ちょうどネロの死の直後（六九年）を襲ったと同じ混乱が生じた。まず元首の座に就いたのは元老院議員のペルティナクス(Pertinax)であったが、実直な彼は、勢力を増しつつある軍隊の規律を厳しくしたことから彼らの憎悪を買い、ほんの八十七日で近衛軍に殺害されてしまった(一九三年四月)。

その後、二人の人物が金に物を言わせて近衛軍の皇帝推挙を獲得しようとし、結局富豪の元老院議員D・ユリアヌス(Iulianus)が「競り勝ち」、皇帝となった。しかしユリアヌスはその器ではなく、たちまち属州において軍隊の反乱が起こった。ブリタニアでは総督C・アルビヌス(Albinus)が、上パンノニア(Pannonia Superior, ドナウ川の南、今のハンガリー に相当)では総督セプティミウス・セウェルス(Septimius Severus)が、シリアでは総督P・ニゲル(Niger)がそれぞれ軍団によって皇帝に推された。そのうち最も才覚に長けていたのはセウェルスで、彼はアルビヌスを懐柔し、自らはたちまちローマに上った。セウェルスがローマに近づくにつれユリアヌスは味方を失い、やがて元老院から死刑を宣告され、近衛軍によって殺されてしまう(一九三年六月)。その統治は六十六日で絶えた。こうしてセウェルスは難なく首都を制圧し、皇帝となった(在位一九三―二一一年)。

セプティミウス・セウェルス時代

セウェルスは元来アフリカ人であり、非ヨーロッパ人として初めて皇帝になった人物である。そこで彼は、自らをマルクス・アウレリウスの養子であると詐称し、人々の信任を得ようと計った。また皇帝の后ユリア・ドムナ(Iulia Domna)がシリアの都市エメサ(Emesa)の太陽神の神官の娘であることから、帝室全体を「神の家」と呼ばしめた。これらは、「外国人」皇帝のコンプレックスを克服せんとするイデオロギー政策に他ならない。他方セウェルスは、一九四年にはニゲルを、一九七年にはアルビニヌスを倒して現実の競争者を一掃し、その政権を固めると同時に、彼らに味方した者たちの財産を没収して自らの金庫へ入れた。

彼は軍関係で大きな改革を遂行した。まず、これまでの近衛軍を解散し、これを従来のようにイタリア人のみによる構成ではなく、ドナウ地域の軍団兵士、とりわけイリリア人一万五千人を用いて再編成した。そのほか、軍隊を強化すると共に、兵士の給料を引き上げ、現役兵には結婚を許可、その家族をも陣営の外に定住させた。これによって国境の軍団は民兵団的な性格を帯びるようになった。

帝国の下降線

しかし、軍事力の強化は増税につながらざるを得なかった。そのため、これまでの徴税請負制を廃止し、各都市では参事会員に強いてそれぞれの領域での徴税責任を負わせた。

同時に、普通の経済活動のみでは間に合わなくなったために、パン焼人や油商等の日用品を含む各種同業組合を政府の管制の下に置き、統制経済を敷いた。これは、国家がいわば常に戦時状態に置かれたようなものである。

他方、元老院は時と共にその権能を失い、やがて皇帝の傀儡も同然の存在に堕して行った。加えて今やその構成員は、従来のイタリア出身者は三分の一にも満たず、新たにアフリカや東方等の属州出身者が大勢を占めた。元老院議員の地位は低下し、その替わりに騎士身分の者が台頭して来た。

こうした中、またもやパルティア戦争が始まった(一九七—一九九年)。パルティア軍がメソポタミア領域を掌中に入れたためである。セウェルスは三軍団を増設してこれに当たり、一九七年中にセレウキア、バビロンを落とし、クテシフォンを占領・略奪した。しかしバルセミス王に率いられたハトラの町は、ローマ軍の二度の大攻撃に最後まで抵抗した。この戦いでセウェルスは多大の損害を蒙り、加えて食糧難にも陥り、結局ハトラ攻略を断念せざるを得なくなった。

この後、セウェルスは家族を引き連れてブリタニア遠征(二〇八—二一一年)に就き、その途上、二一一年、エブラクム(今のヨーク)において死んだ。

なお、セウェルスの時代には、近衛軍指令官のパピニアヌス(Papinianus)やウルピアヌス(Ulpianus)、パウルス(Paulus)等の著名な法学者が皇帝の諮問官になっており、ローマ法学が最も発展した時期でもあった。

私たちのローマ史略述はこれで終わる。この後帝国はその経済的危機を更に深め、辺境における状況は緊迫の途を辿り、三世紀も半ばちかくなるや軍人皇帝が乱立して恒常的内乱の様相を呈して行く。再建の試みはなされるが、結局、帝国滅亡の下降線は根本的には阻止され得なかったのである。

2 ユダヤ教の運命

キトス戦争

トラヤヌス時代末期の大きな事件は、ディアスポラ・ユダヤ人の反乱(一一五—一一七年)である。これはおそらく、一種のメシア待望が連鎖反応的に引き起こした激動であろう。反乱はキレネで、「王」を自称したルカス(Lucuas)ないしはアンドレイウス(Andreius)なる人物を指導者にして勃発した。争乱は間もなくエジプトおよびキプロスに波及し、一一六年にはメソポタミアのユダヤ人共同体に飛び火し、やがてユダヤにも及んだ。しかし反乱は徹底して弾圧された。特に一一六年メソポタミアの反乱を冷酷に鎮圧したムーア人の将軍L・クィエトゥス(Quietus)は、その後ユダヤを鎮定すべく、総督として派遣された(在職一一七年―?)。この彼の名にちなんで、ラビ伝承はこの反乱をキトス戦争(War of Quietus)と呼び慣らわしている。

ユダヤにおけるキトス戦争の争乱実態は必ずしも明確ではない。しかし反乱がガリラヤまで広がり、ユダヤ人がエルサレムの神殿の山に集合、ローマ側は軍隊を動員してこれを鎮圧し、さらには他のいくつかの町も破壊されたことは確実らしい。さらに何人かのユダヤ人指導者が処刑され、ユダヤ教迫害が開始され、神殿の山には偶像まで持ち込まれたようである。

ハドリアヌス帝の時代(一一七年以降)になると、再びユダヤ人に対する宥和策がとられた。破壊された都市の修復が始まった。さらに皇帝は、エルサレムを再建し、ユダヤ人を召還して神殿を再興することを約した。しかしこの蜜月期間はさほど続かなかった。数年たつかたたないうちに、皇帝は態度を豹変させたのである(本書一六四頁参照)。

ラビたちの活躍

ラビ・ユダヤ教について言えば、一〇〇年頃、ラビ・エレアザル・ベン・アザリア(R. Eleazar ben Azaryah)やラビ・エレアザル・ベン・サドク(R. Eleazar ben Tsadoq)の名前が見える。前者は、ラバン・ガマリエル二世があるラビを不当に取り締まったとして総主教の職務を一時剝奪された時、自ら総主教になった。後日ラバン・ガマリエル二世が総主教に返り咲いた後も、彼はラバン・ガマリエル二世の代理者の地位に留まった。やがて一一〇年も過ぎる頃になると、ラビ・アキバ・ベン・ヨセフ(R. Aqiba ben Yosef)やラビ・イシュマエル・ベン・エリシャ(R. Yishmael ben Elisha)、それにラビ・タルフォン(R. Tarfon)らが台頭してくる。特にラビ・アキバは傑出していた。元は牧童であった彼は、成人してから学に志したらしい。また彼は広くディアスポラを歴訪したことでも知られる。

第二次ユダヤ戦争(バル・コクバの乱)の勃発

ハドリアヌスがその第二回属州監察の途上、これまでの親ユダヤ的政策を突然放棄し、一三〇年にユダヤに来訪するやエルサレムを異教の都に改造する策に出たことはすでに述べた(本書一六四頁)。さらに彼は、ドミティアヌス帝以来の去勢禁止令を拡大解釈し、パレスチナ・ユダヤ人の割礼をもその中に含め、これによって割礼を死をもって禁止した。皇帝のこうした態度の激変が何に由来するかは明らかではない。とにかくもユダヤ人はこれらの敵対政策を、民族の根絶を目したものと解釈せざるを得なかった。残る道は蜂起のみと思われた。

しかしユダヤ人は、ハドリアヌスがエジプトやシリアに滞在している間は静穏を守っていた。ただ彼らは、ローマ人から修理のためとして委託された武器を故意に悪質にしつらえ、そのためローマ兵がそれらを捨て去るや自分たちの武器として密かに集めておいた。こうして皇帝が十分遠方に去った一三二年、彼らは反乱の狼煙《のろし》を上げたのである。それでも初めは真っ向からローマ兵と戦いを交えることをせず、むしろ戦略的に有利な場所を占拠して要塞化することに専念した。エルサレムは奪還され、多くのユダヤの地が「解放」された。新しい独自の貨幣も発行された。全国に徴兵令がしかれ、戦いに参加しない者――たとえばまだユダヤにいたユダヤ人キリスト教徒たち――は激しく弾圧された。

この反乱の指導者として台頭してきたのは、シメオン・バル・コスィバ(Simeon bar Kosiba)という人物であった。彼の名前は貨幣にも刻まれた。彼はメシア的人物と見なされ、バル・コスィバ改めバル・コクバ(bar Kochba)すなわち「星の子」(民二四17による)と称された。事実、ラビ・アキバは彼を「これは王であり、メシアである」と公に宣言した。この彼の名前をとって、第二次ユダヤ戦争を一般にバル・コクバの乱と呼ぶ。

敗戦

初めはローマ人たちはこの反乱をさほど真面目にとっていなかった。しかし全ユダヤが立ち上がり、その他の地方もそれに呼応する動きを見せるようになって、彼らは初めて腰を上げた。一三四年、シリア総督のP・マルケルス(Marcellus)がシリア駐屯軍等を率いて鎮圧に来た。しかし彼は鎮圧行動に失敗、軍団の一部が壊滅するに及んだ。そこでハドリアヌスは、自分の最高の将軍の一人を送り込んだ。ブリタニア総督のI・セウェルス(Severus)である。セウェルスはまず、正面切って戦うことをせず、包囲戦に訴えつつユダヤ人の食料を断つ方法を選んだ。これはやがて事実、彼らの息の根を止めるに至った。戦いは、一三五年夏、エルサレムの南西一〇キロメートルほどにある最後の要塞ベタル(Betar/Bethar)が陥落した時終結した。ベタルが落ちると共に、バル・コクバも死んだ。

「……命が助かった者はほんの少数だけだった。彼らの最も重要な五十の要塞、および九百八十五の著名な村々が破壊しつくされた。また五十八万人が様々な戦闘で殺された。飢餓と病と火災で命を失った者の数は計り知れない。このため、ユダヤのほぼ全地域が荒涼たる野原と化した……しかし、この戦争で倒れたローマ人も多数にのぼった。このためハドリアヌスは、元老院に報告書をしたためるに当たり、元首が慣例的に使う出だしの文句、すなわち『もし汝らと汝らの子らが健やかなれば目出たし。我と我が軍隊は健やかなり』を使うことをはばかった」(ディオ・カッシウス『ローマ史』六九・一四・一―三)

絶滅戦争

これは凄惨な敗戦であった。ユダヤは完全に破壊しつくされた。無数のユダヤ人が命を落としただけでなく、数知れぬユダヤ人が捕虜となり、奴隷として売られて行った。その数が余りにも多く、ユダヤ人奴隷市場は価値の下落を招き、奴隷一人の値段は馬の飼い葉一回分であったとすら言われている。「アエリア・カピトリーナ」(Aelia Capitolina) となって聖都エルサレムは消滅し、その地にユダヤ人が足を踏み入れることは死罪をもって禁じられた。ただ紀元四世紀に至ってようやく、年に一回、アブの月の九日(七〇年のエルサレム滅亡の日であり、一三五年のベタル陥落の日)にのみ、旧神殿の壁にすがって祈ることが許された(エルサレムのいわゆる「嘆きの壁」はここから由来する)。

さらにはユダヤという名称すら抹消され、「シリア・パレスチナ」(Syria Palaestina) という属州名に変えられた(したがって、これまで「パレスチナ」という名称を使用してきたのは一種の時代錯誤であったが、便宜上のこととして読者の寛恕を願う)。実はこの「パレスチナ」という言葉自体、意識的にユダヤ人を侮辱するために造られたもので、ユダヤ人の大敵「フィリシテ人」の地の意である。

この地に残留したユダヤ人に対する迫害が始まった。この間に殉教した学者たちの最期を物語る「十人の殉教者伝」がやがて形成され、それは今日に至るまでユダヤ教を支えるエートスの一部になっている。捕らわれ、拷問され、死刑に処せられた犠牲者の筆頭は、バル・コクバをメシアとして宣言したラビ・アキバであった。それ以外にラビ・イシュマエル、ラビ・タルフォンらの高名な教師の名が連ねられている。しかし中には、エリシャ・ベン・アブヤ(Elisha ben Abuya)のように、元来学者であってもユダヤ教を棄教し、異教に加わる者も出てきた。

ユダヤ教再々興

一三八年、ハドリアヌスが死んでアントニヌス・ピウスが即位すると、ユダヤ人に対する迫害政策は一部緩和された。割礼禁止令が解かれ、ユダヤ人たちは初めて一息つくことが出来た。

ヤブネ時代はバル・コクバの乱の敗戦と共に事実上終わった。徐々に新しい復興の中心地となったのは、戦禍をさほど受けなかったガリラヤ地方であった。迫害がやや下火になった頃、西ガリラヤのウーシャ(Usha)に最高法院(サンヘドリン)が置かれた。この運動の中心的人物は、ラビ・アキバの弟子で、当時の最高権威、ラビ・メイル(R. Meir)であった。やがてラバン・シメオン・ベン・ガマリエル二世(Rabban Simeon ben Gamaliel

II, ラバン・ガマリエル二世の子)が総主教(ナーシー)になり、体制が整った。シメオン・ベン・ガマリエル二世はかつてベタルの戦いに参加したため、ローマ人の目を逃れてそれまで潜伏していたのであった。

ディアスポラ、とりわけバビロニアのそれは、宗教迫害中パレスチナの最高法院が機能できないため、自ら暦法を新しく宣言した。彼らはこれに基づき、ウーシャに最高法院が出来てからも、自らの独立性を主張した。しかし、ラバン・シメオン・ベン・ガマリエル二世は政治性を駆使して、これを阻み、パレスチナ・ユダヤ教の指導体制の優位性を再確立した。ただし最高法院の議長には、バビロニア・ディアスポラの長であるラビ・ナタン(R. Natan)が就き、ディアスポラとの協調関係を具体化した。また教学院(イェシヴァ)の院長には、ハラハー(宗教的生活の規定)の権威ラビ・メイルが就任した。この三者が三頭政治を形作り、二世紀の中頃のウーシャ体制を運営した。

この頃、ユダヤ教を支えた学者たちには、ラビ・メイル以外に、ラビ・ユダ・ベン・イライ(R. Yehuda ben Ilai)、ラビ・ヨセ・ベン・ハラフタ(R. Yose ben Chalafta, 以上二人はガリラヤ出身)、ラビ・シメオン・ベン・ヨハイ(R. Simeon ben Yochai)らがいた。彼らは極めて困難な生活状況の中で骨身を削って学究に励んだ。「ラビ・ユダ・ベン・イライの時代に、六人の学生は一着の上着で体を覆い、トーラーを学んだ」と言われる。ただし、生活の困難さからパレスチナを離れるユダヤ人も相次いだ。

アクィラ訳聖書

なお、ヤブネ時代に実現した「アクィラ訳聖書」(一三〇年頃)について略述しておく。アクィラ(Aqilas)は元来、小アジア・ポントス出身の異邦人貴族であり、キリスト教を通ってユダヤ教にたどり着いた改宗者である。彼はラバン・ガマリエルに学び、後にヤブネの学者たちの監察のもと、(旧約)聖書をギリシャ語に訳出した。それはラビ・アキバの解釈伝統に沿う方針でなされ、時にギリシャ語の構造を無視するほどの逐語訳であった。「七十人訳」(セプチュアギンタ)があるのに改めて別のギリシャ語訳を作製した理由は、「七十人訳」がこれまでのユダヤ教学者の解釈伝統を反映していないとされたこと、および「七十人訳」がキリスト教徒によって受容され、ユダヤ教の反駁用に利用されているため、対抗するギリシャ語版が必要になったことにある。事実、アクィラ訳はこの後、ユダヤ人の標準的ギリシャ語訳聖書と見なされるようになった。

放浪する最高法院

最高法院はまずウーシャにおかれたが、その後同じ西ガリラヤのシェファラム

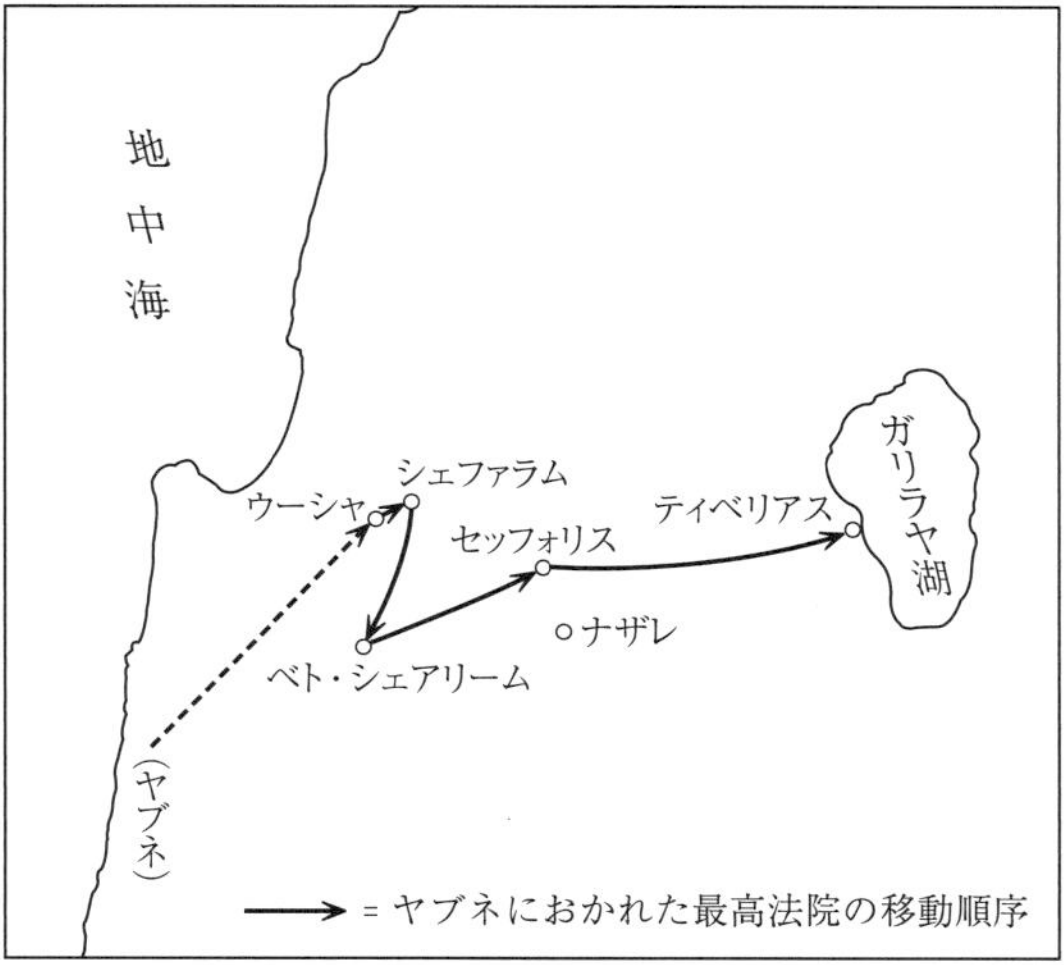

地図7　2世紀のガリラヤ

(Shephar'am, 一六五年頃)に移り、さらにベト・シェアリーム(Beth She'arim, 一八〇年頃)に変わった。その後もさらにセッフォリス(Sephoris, 二一〇年頃)に移り、ようやく最後のティベリアス(Tiberias, 二四〇年頃)に定まった。ティベリアスは二世紀半ばから、ガリラヤにおけるユダヤ人共同体の事実上の中心地となっていた所である。

ラビ・ユダの登場

ラバン・シメオン・ベン・ガマリエル二世の後を継いで総主教(ナーシー)になったのは、その子のラビ・ユダ(イェフダ、R.Yehuda)である(伝承では一三五年、ラビ・アキバが殺された日に生まれたという)。彼の総主教時代(一九〇年頃?—二一七年)は、ほぼセウェルス朝の治世時代(一九三—二三五年)と合致する。この時期、総主教と皇帝一家は極めて友好的な関係を保った。

唯一困難であったのは、一九一—一九三年にシリア総督であり、セプティミウス・セウェルスの敵対者であったP・ニゲルがユダヤ人抑圧の政策を採った時である。彼は、パレスチナのユダヤ人が減税を懇願したとき、出来ることなら彼らの吸う空気にも課税してやりたいほどだ、と言ったといわれる。エルサレムにいた軍団はニゲルを推挙していたため、ユダヤ地方の住民にはことのほか苦患がつのった。したがって、ニゲルが敗れたことは、ユダヤ人すべてにとって大いなる解放であった。

この後、総主教ユダはローマの宮廷から重んじられ、様々な恩恵を与えられた。後のタルムードの説話の中でも、「アントニヌス」という名の皇帝とラビ・ユダの間の親密な関係が物語られている。この皇帝とは、おそらく、セウェルス帝の息子のカラカラ帝であろう。事実一九九年(およびさらに二一五年)、後のカラカラ帝となるアントニヌスは、パレスチナを訪問している。

この時代、パレスチナのユダヤ人共同体は、その地位を向上させることに成功した。総主教と最高法院は、中央組織維持のため、徴税することすら許可された。総主教の法廷は、民事裁判権と司法裁判権を有し、死刑の宣告もなすことが出来た。パレスチナのユダヤ人は経済的にも潤い、かつて貧困の故に人口が流出したのとは反対に、ディアスポラの住民が移住して来さえした。

ミシュナの完成

総主教ユダは、「ハ・ナーシー」(ha-Nasi, 定冠詞付き単数、いわば「the 総主教」)、あるいは単に「ラビ」とすら呼ばれるほどの、強大な権威の持ち主となった。彼はヒレルの後七代目の子孫と言われるが、それがダビデ家系であることがとりわけ強調された。ラビとしての彼は、ハラハー(宗教的生の指針)を時代に即して緩和する方向で規定化して行った。しかしその仕事の中で最も記念碑的なのは、二〇〇年頃彼によってなされたミシュナ(Mishnah)の最終的編纂である。

ミシュナは、過去二世紀のラビたちの口伝によるハラハー素材の一大収集である。そうしたハラハーの記録・収集はすでに数十年前に始まっていたのだが、ラビ・ユダはそれらを出来るだけ網羅的に包括して、生活の様々な面に対応する六つの「篇」に集大成した。これは、これ以後のユダヤ教の全発展の礎となった極めて意義深い業績である。以後、ミシュナは聖書に次ぐ権威とされ、後に成立するタルムード文学の結晶核となって行った。ミシュナ成立までの学者たちを「タンナイーム」(Tannaim,「繰り返す／教える／学ぶ者たち」の意)、それ以後の学者たちを「アモライーム」(Amoraim,「言う／注解する者たち」の意)と呼ぶことからも分かるように、ミシュナ成立をもって、明らかにユダヤ教の中に一つの大きな時代区分が完了したのである。

第二節　内外の戦いをかかえるキリスト教

紀元二世紀以降の主流派教会にとっての大きな問題は、教会外における迫害との戦いと、教会内におけるいわゆる「異端」との対決である。そして後者のもっとも熾烈な戦いが続いたのは紀元二世紀である。そしてこの世紀の終わる頃、つまりユダヤ教がミシュナの編集で一つの安定体制を築いた頃、キリスト教もある体制化に向けてようやく一つの山場を越すのである。

1　キリスト教徒迫害

小プリニウス書簡

二世紀初頭のキリスト教徒迫害の、非キリスト教の側からの明確にして貴重な証言は小プリニウスの書簡である。小プリニウス(Plinius)は、紀元六一／六二年、現在の北イタリアの地方貴族の息子として生まれた。『博物誌』の著者でありかつ七九年のウェスウィウス火山の噴火で命を落とした大プリニウス(本書一三四頁)の甥に当たるが、幼くして父に死別、その後伯父の養子にされた。彼は政界で一流の道を辿り、一一〇―一一二年頃はビティニア・ポントス州の総督であった。彼はまた、文学でも後世に名を遺そうとし、初めから出版を念頭に置いて書簡をつづった。その中で、一一二年頃皇帝トラヤヌスと交わした往復書簡が、彼のキリスト教徒観および当時の迫害状況を明示するかけがえのない資料となっている(第十巻・書簡九六および九七)。

「……差当って、キリスト教徒として私の許に訴えが出されていた者に対しまして、私は次の如き措置をとったのであります。すなわち、彼らに、キリスト教徒であるか、と質問いたします。それを肯定した者に対しては、極刑を以て脅かしながら、二度、そして三度と同じ質問をくり返します。それでも肯定しつづける者につきましては、処刑するように命じました。と申しますのは、彼らの告白する内容が如何なるものであれ、頑固とかたくなな拒否はたしかに罰せらるべきだ、と私は疑っていなかったからであります。……やがて、こうした措置を重ねておりますす間に、一般によく起ることでありますが、訴えが広がるにつれまして、多くの特殊な事例が現われて参りました。すなわち、多くの人の名前をのせた、署名のない文書が提出されたのであります。そこに名をのせられた人びとの或る者は、自らがキリスト教徒であること、或いはあったことを否定していた者でありまして、彼らは私を先頭にして神々を呼び、特にこの目的のために神々の倣と並んで立てさせました陛下の像に向かって、香烟と葡萄酒を捧げて祈り、かつキリストを呪詛いたしました。これらの行為はいずれも、真にキリスト教徒である者に対しては強制によってもさせることができないものだ、と言われているものでありますので、私は、彼らを釈放すべしと考えました。……」(弓削達訳、『ローマ皇帝礼拝とキリスト教徒迫害』日本基督教団出版局所収)

ここで彼は、皇帝に対し、自らが行なったキリスト教徒裁判について報告すると同時に、その審理に関する疑問点を問い合わせている。彼はその裁判において、最後まで自らをキリスト教徒と主張し通した者を処刑し、また(キリスト教徒であると密告された者のうち)現在においても過去においてもキリスト教徒であったことを否定した者は、皇帝の像と神々の像の前に礼拝させるという、一種の「踏み絵」を通らせた後、釈放した。

しかし問題はかつてはキリスト教徒であったが、すでに棄教したと言い、実際に例の「踏み絵」をも通った者をどう扱うかであった。プリニウスによれば、キリスト教徒は、幼児を殺すとか、近親相姦に耽るとかいう、噂されるような具体的悪事はなしておらず、その行なっていることは極端な迷信的行為でしかない。悪いのはキリスト教徒として、帝国の伝統的祭儀を無視し、自らの共同体に「頑固とかたくな」さに固執することにある。したがって、いったん確実に棄教した者は釈放すべきである。そうすれば、それは必然的にローマ国家の伝統的祭儀を再び栄えさせ、帝国の安寧に寄与することになる、というのである。

これに対してトラヤヌスは、普遍的な規則は存在せず、ケース・バイ・ケースで判断すべしとしながらも、プリニウスのこれまでの処置および見解はこれを全面的に是認した。それによって、キリスト教徒であることが証明されれば処罰・処刑され、また棄教すれば赦されることが再確認され原則化された。このためこの手紙は、キリスト教徒に対しては棄教奨励として機能すると同時に、匿名の密告書の如きものは「我々の世代にはふさわしくない」ため受理してはならないとすることによって、事実上ある程度の寛容性を示すことにもなった。

プリニウス書簡の証言

またプリニウスの書簡で注目されるのは、キリスト教徒に対する断罪の理由が、単に反社会的であるという主張だけでなく、本質的に国家祭儀に反するという認識にまで深化して捉えられている点である。こうして以後、紀元二五〇年頃までは、キリスト教徒にとっては「緩慢な危機の時代」(K・ホイシ)が続くことになる。

また、ここビティニア・ポントス州の例から類推できるように、小アジア地方ではキリスト教の伝播が速やかで、パウロ時代の大都市中心主義を越えて「都市ばかりか、村々や田舎にも」広まり、様々な年齢と身分に跨《また》がるようになった。もっとも西方では事情が異なり、キリスト教は依然として都市部分に限定されていたらしい。

皇帝ハドリアヌスは、基本的にはキリスト教徒に対する先のトラヤヌス帝の政策に従った。ただしハドリアヌスは、アジア総督M・フンダヌスに宛てた書簡(一二五年)においては、キリスト教徒が告発され、法に反する犯罪を行なっていたことが証明されるなら、その罪の軽重に応じて処罰されるように、また偽りの告発であったなら、その告発者に対して告訴処置をとるように指示した。これはキリスト教徒に対するより寛容な方針と理解された。次のアントニヌス・ピウス帝も、公の書簡においてこの方針を確認した(ただし、これらの書簡の信憑性を疑う学者もいる)。

もっとも、こうしたことで迫害が全くなくなったわけではなかった。局地的な迫害事件は頻繁に勃発していた。

ルグドゥヌムの迫害

マルクス・アウレリウスはキリスト教を理解せず、むしろキリスト教徒の中に「むき出しの反抗精神」や「芝居じみた大仰な態度」(『自省録』一一・三、前掲書所収)しか認めなかった。したがってそれまでの皇帝たちの対キリスト教対策を変えなかった。彼は、一再ならず、キリスト教迫害の勅令を総督たちに送っている。事実、一六一―一六九年頃、アジア州においてキリスト教徒の探索がなされた。また一七〇年近く、アテネやクレタ島でも迫害があったらしい。一七八年にはパレスチナでも同様の事態が起こった。また一七七年には有名なガリアのルグドゥヌム(Lugdunum, 現在のリヨン)で迫害がおこり、四十八人の殉教者を出している。

マルクス・アウレリウスの迫害令は、直接的には彼の教師たちなど、側近の者たち(修辞学者C・フロント、ストア哲学者Q・ユリウス・ルスティクスら)の指図に負っていたらしい。さらに勅令の実際の適用に関しては、彼はかなり寛大であったとも言われる。しかし側近の意志であっても、皇帝の名前で出てしまうのが支配体制である。それに彼の時代、局地的迫害の事例が増えたことは明らかな事実である。

スケープゴートとしてのキリスト教徒

もっとも、これには一般民衆の動向が大いに与っている。マルクス・アウレリウスの時代は、すでに見たように、戦争に明け暮れ、疫病が跳梁し、飢餓に脅かされた時代であった。帝国のこの衰退を、一般国民が感じないでいるわけがない。危機感が瀰漫《びまん》すればするほど、官民そろって、古来の神々に犠牲を捧げ、その恩恵にすがろうとした。それに手を貸さなかったキリスト教徒は、いわばけしからぬ「非国民」でしかない。したがって、何か社会的不幸が起これば、それはまずキリスト教徒のせいにされ、彼らがスケープゴートにされた。「キリスト教徒をライオンに！」(Christianos ad leonem !)というのが合い言葉であった。

この迫害の論理を異教の立場から正当化しようとしたのが、一八〇年頃『真の言葉』(Alethes Logos)という本を著したプラトン主義者ケルソス(Celsus)である。彼の書そのものは失われてしまったが、約七十年後に現れるオリゲネスの『ケルソス駁論』(Contra Celsum)からほぼ再構成される。その心情的根幹は要するに、国民が神々の恩恵によって成り立っている時、キリスト教徒はその神々を礼拝する義務をないがしろにする不届き者だということである。

アンティオキアのイグナティオス

ところで、二世紀前半の迫害問題に関して貴重な証言を提供してくれるのは、自ら殉教者であったアンティオキアのイグナティオス(Ignatios)である。彼はアンティオキアの教会の監督であったが、トラヤヌス治下の迫害においてアンティオキア教会の長として捕われ、ローマに護送され、衆人環視のうちに野獣にかみ殺されるという刑に処せられた(一一〇年頃)。その護送の途上、彼は二度にわたって七通の手紙を書いている。それらを見れば、彼が信じ難い感激と熱情をもって殉教の場に臨んで行ったことがわかる――

「どうか野獣共を煽って下さい……もし野獣共が喜んでこちらに襲いかかろうとしないならば、私は無理にでもそのようにして見せます」(ローマ四・二、五・二、八木誠一訳、荒井献(編)、『使徒教父文書』講談社文芸文庫所収)。

処刑の日には、彼とその仲間数人が惨殺された(ポリュカルポスの手紙一・一、九・一、一三・二参照)。他方、ローマの一般市民たちは、それを見つついつもながら血の沸くのを覚えたことであろう。

その他の殉教者たち

なお、二世紀に殉教したその他の著名人物を挙げておく。キリスト教哲学者のユスティノス(Iustinos)は、キュニコス派との論争がきっかけとなり、キリスト教徒であるとの理由で六名の弟子たちと共に一六五年頃ローマで処刑された。また、スミルナの司教(監督)ポリュカルポス(Polykarpos)は、一五五／一五六年(または一六一―一六九年の間)逮捕されて殺されている。彼について略記すれば、一五五年頃、小アジアの教会を代表してローマに行き、西方と東方で異なっていた復活祭の日付について当時のローマ司教アニケトゥス(Anicetus)と会談した。しかし調停には失敗、この後西方と東方はそれぞれ別の日を復活祭として祝うこととした。このローマ滞在中、ポリュカルポスはマルキオンやウァレンティノスとも論争したらしい。彼の殉教はローマから戻った後である。その模様は、殉教の翌年、彼の弟子たちが著した「ポリュカルポスの殉教」(使徒教父文書の一つ)にかなりの潤色を凝らして描かれている。なお、この書は、やや後のルグドゥヌム迫害の記録と共に、最初期のキリスト教的「殉教文学」を表している。

迫害の退潮

マルクス・アウレリウス帝の時代が終わり(一八〇年)、さらにはセウェルス朝の時期(一九三年以降)に入ると、迫害の声は余り聞かれなくなる。特にセウェルス朝は、これまでの皇室には例のないほど宗教混交的要素を自らの内に持ち込んでいた。セプティミウス・

セウェルス帝の妃のユリア・ドムナがシリア出身であったことも手伝って、同じシリア方面から来たキリスト教には、特に好意を寄せていたとすら言える。したがって、一八〇年から二三五年頃までは、キリスト教界はほぼ安泰であった(例外的に二〇二―二〇三年頃、アレクサンドリアや北アフリカで迫害)。

教会全体を危機に追い込むような大迫害は、三世紀もようやく半ばに入って、デキウス帝の時に初めて到来する(二四九―二五〇年)。そしてウァレリアヌス帝時代の迫害(二五七―二五八年)を経て、皇帝ディオクレティアヌス時代の大迫害(三〇三―三〇四年)に至る。しかしそのすぐ後の三一三年には、有名な「ミラノの勅令」によってキリスト教は晴れて公に承認されるのである。もっともこれは別の問題の始まりでもあるが、それは私たちの課題とする時代をはるかに越えている。

二世紀後半までのキリスト教弁証家たち

ローマ側のキリスト教不信に対して、キリスト教側からは、一貫して帝国権力への従順を誓い続けたと言える(ルカ文書、Iペトニ13―17、テト三1、Iクレメンス六〇・二―六一・三、イグナティオス・ポリ四等)。こうした趣旨でキリスト教の弁明に努めた二世紀以降の著作家たちを、「弁証家」(apologist)たちと呼ぶ。

まず、一二五年頃、クァドラトゥス(Quadratus)およびアテネのアリスティデス(Aristides)の二人の弁証家は、ハドリアヌス帝に宛ててより積極的にキリスト教の弁証論を試みた。前者は死者の蘇生をも含むイエスの治癒奇蹟を顕示し、後者はより哲学的に、キリスト教の神観念の優越性を説き、教会内の相互援助制を強調した。

一五〇年以降も、キリスト教弁証家によって、皇帝に向けての弁明書(apologia)が著された。彼らは、キリスト教徒に対して一般になされる無神論、人肉食い、性的オルギー等の非難がいかに根拠のないものかを示すだけでなく、いかにキリスト教が帝国と皇帝にとっても有益であるか、いかにキリスト教徒が皇帝のために祈りを捧げているかを訴えた。先に名を挙げたユスティノスは、殉教に先立つ一五三/一五四年頃、アントニヌス・ピウス帝に宛てて『第一弁明』(Apologia Prima)の書を著している(ユスティノスにはさらに、ユダヤ教に対する弁証の書『トリュフォンとの対話』がある)。サルディスの司教メリトン(Meliton,?—一九〇年頃)も、マルクス・アウレリウスに宛ててキリスト教弁護の書を書いた(また彼の『過越《すぎこし》について』という予型論的キリスト論も有名)。同じくマルクス・アウレリウス(およびその子コンモドゥス)に対して、一七六/一八〇年頃『キリスト教徒のための請願書』を著したのは、アテネ出身のアテナゴラス(Athenagoras)である。なお、ユスティノスの弟子のタティアノス(Tatianos, 一二〇年頃—?)も、『ギリシャ人への言葉』という護教論を著している(もっとも彼は、一七二年ローマ教会と決裂した後にシリアで著した調和版四福音書『ディアテッサロン』〔Diatessaron〕で有名)。

二世紀末―三世紀始めのキリスト教弁証家

さらに二世紀の終わり／三世紀の初め頃の代表的弁証家は四人いる。エイレナイオス、アレクサンドリアのクレメンス、テルトゥリアヌス、そしてオリゲネスである。

ルグドゥヌムすなわちリヨンの司教エイレナイオス(Eirenaios, 一三〇年頃―二〇〇年頃)は小アジア(スミルナ?)の出身。一七七年のリヨン迫害の時はたまたまローマにおり、その間にリヨン司教が殉教したため後継者に選ばれた。何よりもその著作『異端駁論』(Adversus Haereses)によって知られる。これはグノーシス主義への「正統派」的教条主義からの反論であるが、論駁に際してグノーシス主義各派の主義主張を詳しく報告しているために、図らずもグノーシス主義を研究する際の極めて重要な資料と化している。

アレクサンドリアのクレメンス(Clemens, 一五〇年頃―二一一／二一五年)はアテネ出身、各地を遍歴した後アレクサンドリアのパンタイノスの弟子となり、師の死後、その教理学校の校長となった。彼は中期プラトニズムに裏打ちされた高度のギリシャ哲学的素養を持ち、その知識世界をキリスト教的信仰と融合させようとした。これは後の教父神学に多大な影響を与えることとなる。著書として残っているもののうち主たる作品は、有名な三部作の『ギリシャ人への勧め』(Protreptikos)、『訓導』(Paidagogos)、『雑録』(Stromateis)である。

テルトゥリアヌス(Tertullianus, 一六〇年頃―二二〇年以降)はカルタゴで生まれ、法学と修辞学を修めた。後にローマで弁護士となったとも言われるが、とにかく一九六年頃から著作生活を開始し、カルタゴ教会の主要人物となった。彼は、ラテン語で書いた最初のキリスト教著作家である。もっとも二〇八年までにはモンタノス派(本書二一六―二一七頁参照)に近づき、カルタゴにおけるその指導者の一人と化した。膨大な量の著作を遺したが、そのうち例えば有名な『護教論』(Apologeticum)は一九七年頃に成立している。この中でテルトゥリアヌスは、今までの弁証家たちとは筆致を異にし、極めて積極的・攻撃的にキリスト教迫害裁判の不当性を暴露し論難した。これは、ローマ帝国の危機があらわにされてきた頃、キリスト教会が逆にその勢力を確立しつつある様相をよく反映するものである。

オリゲネス(Origenes, 一八五年頃―二五四年頃)の活躍した時代は私たちの範囲を越えているため、ごく簡略に記しておく。彼はアレクサンドリアのクレメンスの学校で学び、その神童ぶりを発揮。十八歳で師を継いだ。聖書神学者であるが、古代の諸学問に精通した巨人であり、アウグスティヌスと並んで後代に甚大な影響を及ぼした。

キリスト教会は、局地的迫害という外部における困難性に遭遇したとはいえ、伝播・拡張することを止めなかった。むしろ、迫害に会えば会うほど広がった感すらある。一五〇年頃までには、小アジア、ローマは言うに及ばず、ガリアや北アフリカに布教がなされ、さらに一八五年頃にはゲルマニアにも伝わり、同じ頃ブリタニアにも広まった。こうして二世紀の末には、事実上、帝国のほぼ全域にキリスト教の宣教が行き届くことになった。

2　グノーシス派の興隆

紀元二世紀の終わり近く以降、数十年間は迫害の危機が遠のいたといっても、教会に問題がなくなったわけではない。それ以前も以後も、教会の内部において、より深刻化して来た問題があった。つまり、すでに二世紀初め頃に始まっていたところの、教会内の分裂、とりわけキリスト教的グノーシス主義と「正統派」間の争いが熾烈《しれつ》さを増していたのである。

ユダ書、牧会書簡

その事態を文書で確認しておこう。「ヨハネの第一の手紙」と「ヨハネの第二の手紙」

がそのような教会内的抗争の問題を最大のテーマとしていることはすでに前章で述べたとおりである。ここではまず、二世紀の初め頃(?)成立した(場所は不明)と思われる「ユダの手紙」に触れよう。ここでは、グノーシス主義的色彩の二元論的自由放逸主義者が激しく攻撃されている。彼らは外から教会を訪れ、霊的に一段と高いキリスト者として自認し、一般教会員を混乱させていたらしい。彼らはその高い自意識故に一般の道徳を無価値のものと見なし、それを乗り越えること(男色等の行為をも含む)を自らの自由の表現と見ていたようである。

このようなグノーシス派の色彩を持った「異なる教え」との対決は、パウロ伝承圏内の小アジア(エペフェソ?)で二世紀の前半に成立した「テモテへの第一の手紙」、「テトスへの手紙」、「テモテへの第二の手紙」(成立はおそらくこの順)のいわゆる「牧会書簡」にも現れている。

ここで攻撃の対象とされている人々は、ユダヤ教的背景を持つと同時に、復活を霊化して「復活はもう済んだ」(Ⅱテモ二18)と主張し、この世を軽視して(ユダの手紙の場合とは逆に)禁欲主義に走った結果、結婚を禁じ、食物を断った(Ⅰテモ四3)。これに対して著者は、教説の次元で彼らと対決することは放棄し、ただその道徳的悪劣さを批判することにのみ集中した。手紙の受取り手(である教会員)にも、むしろ論争から遠ざかるように指示する。著者自身の神学的独自性はなく、これまで伝えられてきた「健全な教え」(Iテモ一10、IIテモ四3、テト一9、二1)すなわちパウロの教説の伝統への保守的忠実さを強調するに留まる。

しかも、パウロの神学の特長と言われる「義認論」(人が救われるのは、神が無条件の恵みによって「義」としてくれるからである、とする考え)は、その響きは残っているもの(Iテモ一13、テト三5等)、そのラディカルな逆説性は希薄にされ、道徳的トーンが支配的となる。終末論は事実上放棄され、この世での存続が前提される。実のところ、牧会書簡で標榜されている倫理は一般の市民道徳以外の何物でもない。国家権力は問題なく認められ、奴隷には主人への忠誠が勧められ(Iテモ二1、六1)、女性には極めて保守的な服従が要求されている(Iテモ二9—三1)。

アンティオキアのイグナティオス

アンティオキアのイグナティオスにはすでに迫害との関連で言及したが、「異端」との関係でも彼の書いた七通の書簡にもう一歩戻る必要がある。それらの手紙とは、スミルナにおいてエフェソ、マグネシア、トラレス、およびローマの各教会宛て、またトロアスにおいてフィラデルフィア、スミルナの各教会、およびスミルナの監督ポリュカルポス宛てに書いた七通であるが、これらは、明白に二つの主要テーマを持つ。「異端」との戦いと教会の職制の確立・強化である。「異端」はおそらくユダヤ人キリスト教徒出身の仮現論的グノーシス主義者たちであると思われる。彼らはイエスの受難を「見せかけ」としてその事実性を否定し(トラレス九・一、一〇・一、スミルナ二等)、その復活を反故《ほご》にし(トラレス九・二)、聖餐を無意味化する(フィラデルフィア四、スミルナ七・一)。これに対してイグナティオスは激しい断罪の言葉を投げかける。

「……彼〔イエス〕は真実に受難したのです。ちょうど真実に甦ったのと同じように。ある不信者共が、彼の受難はみせかけだけだというのとは違います。みせかけだけで存在するのは彼等の方なのです。そして彼等の思いにふさわしいことが彼等に起こるでしょう――からだを持たないお化けのような輩に」(スミルナ二、八木誠一訳、荒井献(編)、『使徒教父文書』講談社文芸文庫所収)

同時にイグナティオスは、信者たちがこうした彼らに耳を貸さず、ただ「監督」にのみ従うように繰り返して要請するのである。

グノーシス主義の構成要素

それではこれほどまでに問題視されたグノーシス主義(Gnosticism)とは一体何であろ

うか。それは紀元一世紀、政治的にはローマ帝国属州の被征服民(ユダヤ・サマリア、シリア、エジプト等)の間で、宗教史的にはユダヤ教の外輪部ないしはそれに接触する地帯で成立した宗教思潮であり、以下のような基本的構成要素を持つとされる。

一つは、人間の本来的自己と至高者とが本質的に同一であるという「認識」(ギリシャ語で「グノーシス」という)を救済原理とすること。次には、身体、世界、星辰、宇宙の創造者(「デミウルゴス」と言われる)の一切を非本来的な悪と見なす宇宙論的二元論を標傍すること。先の「至高者」とは、これら全宇宙およびその創造者をも否定的に超越した存在なのである。そして第三には、このような在り方と救済認識の成立(至高者から遣わされた啓示者の仲介による)とを表現する、超歴史的神話を擁すること。この神話は、既成の宗教・民族神話を換骨奪胎したものから成り立つ。

こうしたグノーシス主義は、キリスト教とは無関係に成立したが、しかしやがてキリスト教の中に強い影響を振うに至った。これを正確には「キリスト教的グノーシス主義」あるいはキリスト教「グノーシス派」という。

キリスト者としてのグノーシス主義者たち

その最も典型的な発現形態の一つにいわゆる「仮現論」(docetism)がある。これは、肉体およびこの世性を否定するグノーシス的世界観に即応するキリスト論であり、イエスは本来的に霊的存在であるが、単に外なる「現れ」として、それも一時期のみ肉体ある人間の姿をとったに過ぎない、したがって彼は本来受難することは有り得ず、また十字架死を遂げるということもなかった、と主張するものである。

私たちはすでに「ヨハネの手紙」が教会内から発したこの種のキリスト論支持者と対決しているのを見た。観点を変えれば、ヨハネによる福音書にすでに後のグノーシス主義に発展していく要素があったのであり、後代、それを意識的に展開した流れと、むしろ「大教会」的路線に自らを適合させた流れとに分岐したと見るべきであろう。後者が「ヨハネの手紙」であり、前者がその中で批判されている「異端」的教会員である。

また私たちは、パウロ思想を展開した「パウロ学派」の主流である「牧会書簡」が、やはりグノーシス的敵対者と渡り合っている姿も見た。これらの場合大事なことは、これらグノーシス主義者が自らをキリスト教徒、それも真のキリスト教徒と理解したことである。それは普通の、「大教会」的キリスト教徒に対して優越意識を与えただけでなく、しばしば彼らへの同情的連帯の意識すら生んだ。こうしたグノーシス的キリスト教徒を異端視したのは「大教会」側であり、後者が初期カトリシズムとして勝ち残ったために、私たちもグノーシス主義を頭から異端として扱いがちである。しかし「大教会」は、グノーシス主義と戦いつつも、その実、結局はそれに影響されて行った面を多分に持つ。また同時に、グノーシス主義を切り捨てたために失ったものも少なくない。グノーシス主義も含めた、本来の意味の初期キリスト教史の出現が待たれる所以《ゆえん》である。

代表的グノーシス主義者

ここで著名なグノーシス主義者の名を挙げておこう。最初に来るのは、すでに一世紀の中頃サマリアに登場したらしいシモン・マゴス(Simon Magos,「魔術師シモン」使八9―25参照)である。彼自身に関しては伝説的要素が多く明確ではないが、「魔術」をよくする彼が「大いなる力」と自称しつつ、信奉者を集めていたことは確実である。その運動(「シモン派」)はやがてローマに至り、二世紀の前半のとりわけローマにおいて、教会に対する真剣な脅威となった。

シリア出身のサトルニロス(Satornilos, あるいはサトゥルニヌス Saturninus)は、初めてキリストをグノーシス的救済者として描いたため、初代の「キリスト教的グノーシス主義者」と呼んでよい。その活動は二世紀前半に及んだ。小アジア出身のケリントス(Kerintos)は、二世紀半ばに殉教したスミルナのポリュカルポスと同時代人で、仮現論的キリスト論を唱えた。エジプトからはカルポクラトス(Karpokratos)が出、ハドリアヌス帝の時代に小アジアで活動した。この派は自由放縦主義で有名で、著名な女弟子のマルケリーナは後日(一六〇年頃)ローマで宣教活動をしている。ケルドン(Kerdon)はシリア出身、この地でグノーシス主義者となり、一四〇年頃ローマで活動したらしい。マルキオン(後出)の教師と見なされるが、確かな教説は分からない。

さらにこの時期の大物キリスト教グノーシス主義者としては、バシリデス、ウァレンティノス、そして元来グノーシス主義者ではないが、類似の思想を実践したマルキオンの名を挙げねばならない。

バシリデスとウァレンティノス

バシリデス(Basilides)に関しては、その出身地も年代も正確には分からない。ただ彼がハドリアヌス帝とアントニヌス・ピウス帝の治下(一一七—一六一年)のある時期に、アレクサンドリアで活動したことだけは確かである。その教説は再構成が困難であるが、「原父」からの一種の「流出」を説いたらしい。彼の説は弟子(息子?)のイシドロスらによってさらに展開された。

ウァレンティノス(Valentinos)は下エジプトの生まれ、アレクサンドリアでギリシャ的教育を受け、おそらくこの地でキリスト教に入り、自由なキリスト教的教師として活動していたらしい。その後ローマに来て、一四二年ピウスがローマ教会の単独司教(episko-pos＝監督／〔英〕bishop, この頃から日本語では一般的に「司教」の訳語を使う)になった頃、当教会から分離したようである。その後は、アニケトゥスがローマ司教であった時(一五五―一六六年)ローマを離れ、東方に移ったとも言われるが、あるいは一六〇年の後間もなくしてローマで死んだのかも知れない。とにかく彼は幻視的神秘体験者であり、かつ強靭な神話的思弁家であったらしい。

彼は既存のグノーシス主義的思考体系(いわゆる「バルベロ・グノーシス派」や「オフィス派」のそれ)を取り入れ、自らの体系を展開した。この彼からキリスト教グノーシス主義最大の潮流が発生する。これを「ヴァレンティノス派」と呼び慣らわす。同派は後年、「東方系」と「西方系」に分かれて発展した。前者はエジプト、シリア、小アジアに座を占め、マルコス、テオドトスらの後継者を生んだ。後者はローマを中心に南ガリアにまで及び、プトレマイオス、ヘラクレオンらの人物が中心であった。こうした展開において、ヴァレンティノス自身の教えは決して権威ある規範とされたのではなく、常にさらなるカリスマ的展開に対して開かれていた。弟子たちは「師の説を改良する者」と見なされたという。それでも三十の「アイオーン」の教え、全体を「物質(身体)」「魂」「霊」の三層に分ける分類法、および物質的・魂的世界の源泉としての「無知」のモチーフは、どの系統のヴァレンティノス派にも共通して認められる。この派の活動は四世紀の終わり頃まで続いた。

マルキオン派

この関連でマルキオン(Marcion)についても触れておこう。彼は黒海沿岸のシノペにて一世紀末頃生まれた。父は(すでにキリスト教徒?)船主を職業とし、マルキオンはそれを引き継いだと思われる。確かなことは、彼は一四〇年頃ローマ教会に登場し、教会に多額の献金をし、自己の教説の宣伝を始めたことである。それは旧約の律法神・創造神と新約の恵みの神・贖罪の神の極端で非妥協的な対立に中心がある。その際、前者は徹底的に貶《おとし》められ、この点でグノーシス主義と共通である。しかし、人間が後者の善き神と本質的に同一であるとは標傍されない点(むしろ人間はあくまで罪人である)、また神話的思弁がなく聖書の枠から離れない点においてはグノーシスと一線を画している。

マルキオンはこの自分の教説を教会内において貫こうとするが、挫折し、一四四年にローマから破門されるに至った。しかしマルキオンはめげず、破門と同時に自らの「教会」を設立、宣教に乗り出した。また彼は、自らの「正典」編集を行った点でもユニークであった。すなわち彼は、ルカによる福音書と十通のパウロ書簡のみ——それも自らの立場に合わせて校訂したもの――を基礎に据えたのである(本書二二三頁参照)。マルキオン自身は一六〇年頃死んだらしいが、その教会は著しい速さで広まっていき、「大教会」にとっては深刻な危機を招来した。その教会はイタリアは言うに及ばず、エジプト、メソポタミア、アルメニアまで拡大して行き、四世紀まで多大な勢力を持った。

「ナグ・ハマディ文書」の発見

一九四五年、上エジプトのルクソールの北方八〇キロメートル、ナグ・ハマディという町の近くで、コプト語で記されたグノーシス主義のパピルス・コーデックス(写本)が大量に発見された。四世紀に筆写された、全十三冊に及ぶ、いわゆる「ナグ・ハマディ写本」の発見である。有名な隠修者パコミオス(二九二年頃―三四七年)が建てた修道院がこの近くに存在したことからして、この修道院の図書館が禁欲を主題にして蒐集し翻訳した蔵書の一部であろうと言われている。いずれにせよ、グノーシス主義の第一次文献が日の目を見たのは極めて異例で、研究者たちに与えたインパクトは計り知れない。

この中には、キリスト教とは無関係なグノーシス主義の文書もあるが、同時に元来非キリスト教的であったものがキリスト教的グノーシス主義に転換されたもの、また、元来キリスト教的グノーシス主義の立場から著されたものが混在している。今私たちの関連で興

地図 8　ナグ・ハマディとその周辺

味深いのは、後二者のキリスト教的グノーシス主義、すなわちグノーシス派が創作した、ないしは編集した作品である。

「トマス福音書」

その中でもおそらく最も有名な文書は「トマスによる福音書」であろう。「これは、生けるイエスが語った、隠された言葉である……」で始まる序文以降、百十四のロギオン(短いイエスの言葉)が収められている。その後の研究は、本書が元来、後述する東シリア・エデッサ教会で成立した文書であることを突き止めた。時期は二世紀の後半と言われる。それがギリシャ語に訳され、さらにコプト語に重訳されたものである

これら百十四のロギオンは伝承史的に三つの範疇に分かれる。一つは、今までいわゆる正典福音書からも知られていたイエスの語録が、ほとんど同じか、あるいはかなり異なった形で編まれているもの。二つ目は、正典福音書にはないが、その他の文献に以前から「イエスの言葉」として知られていたもの(いわゆる「アグラファ」＝「(正典には)書かれざるもの」の意)。第三は、それ以外の、これまでは全く知られていなかった「イエスの言葉」である。

こうした事情から、同書はイエスの言葉研究の中で、一時センセーショナルな話題を集

めた。その後も、とりわけ北アメリカ系の研究者たちによって、正典福音書のイエスの言葉よりもいっそうイエスの原像に近い言葉とされる場合が多い。この点は今なお疑念が残るものの、トマス福音書の発見によって、イエスの言葉を考察する際の素材が以前よりもはるかに豊かになったことは事実である。加えて、それらの言葉の中に、グノーシス主義的な世界観から編集的に創作されたとは思えない内容のものが見いだされるとき、新たな「イエス伝承」の歴史の可能性も浮上し、いっそう興味深い。例えば、以下の言葉は究極者の臨在を目下の日常事と同定する点においてむしろ東洋思想に近似する内容を持つ――

「木を割りなさい。私はそこにいる。石を持ち上げなさい。そうすればあなたがたは、私をそこに見出すであろう」(ロギオン七七、荒井献訳、荒井・大貫(編)、『ナグ・ハマディ文書Ⅱ・福音書』岩波書店所収)

「フィリポ福音書」

同じくナグ・ハマディ写本に属する文書で、グノーシス派を考察する上で重要な文書をもう一点挙げておく。「フィリポによる福音書」である。これはその実、訓言集とでも言うべきものである。その原本は二世紀の後半以降三世紀にかけて、シリアの辺で成立したものであろう。ヴァレンティノス派の流れを汲むグノーシス主義者の手になるものと思われる。特徴的な点の一つに、グノーシス派のキリスト教徒が、いわゆる正統派教会のキリスト教徒との関係を考察した文章がある——

「……認識〔グノーシス〕によって自由となった者は、認識の自由をなお受け取ることができずにいる者たちに対する愛のゆえに、奴隷となっているのである。そして認識は彼らを自由とするために彼らを強める。愛は何物も受けない。なぜなら、一体どうして、それは全てを所有していながら、なお何か受けることがあろうか」(一一〇a、大貫隆訳、前掲書所収)

この中で、「認識によって自由となった者」とはグノーシス派の者であり、「認識の自由をなお受け取ることができずにいる者たち」とは、主流派の正統派教会の一般信徒たちを意味するであろう。前者の霊的な優越意識が後者への「愛」の必要性となって表出されている点に、興味を持たされる。このことは、当時の正統派教会が、グノーシスをとりわけその倫理的側面から誹謗することにのみ終始し、交わりからの排除を鮮明にしていたことを考慮すると(例えば上記のユダ書や牧会書簡参照)、なおのこと意義深い。

なお、以上の「トマスによる福音書」と「フィリポによる福音書」は、類型的には伝統的「福音書」ではない。各文書の最後にそれぞれ「……による福音書」とあるのでそのように呼ばれているが、この名称自体、後代になって付加されたものであろう。

「モンタノス派」など

ここでグノーシス主義以外の「異端」的人物およびその運動にも触れておこう。その代表格はモンタノス(Montanos)である。彼は元来は異教徒であったがキリスト教に改宗し、一五六／一五七年(別の説によれば一七二／一七三年)トルコ半島中部のフリギアに登場、自らの共同体を作った。間もなく彼はプリスキラとマクシミラという二人のカリスマ的女性を協力者に得、聖霊が直接語るという言葉を一人称で語りだした。マクシミラは言う——

「主は私をこの告知をもたらす者として遣わされた。望むと望まずとに関わらず強制的に、神の認識を告げ知らせるために、遣わされた……」

運動の特徴は黙示思想的方向性で、フリギア地方の町ペプーザにやがて神の国が天から到来すると説いた(ペプーザの正確な所在は不明であったが、二〇〇二年、ドイツ・ハイデルベルク大学のチームがトルコ中部に発見した)。これに見合って、極端に禁欲的な倫理が要求された。しかしこの運動は時が経つにつれ、同一の緊張を保つことは出来なくなり、一つのセクト的教会組織となって行った。モンタノスらの言葉が収集され、その教会には祭司職が登場した。しかし、その熱狂的預言主義および正典に関する理解の相違のため、モンタノス派は「大教会」から閉め出され、結局五、六世紀頃には消滅してしまった。

また、ローマでは司教ウィクトル一世の時代(一八九―一九八年)に、皮なめしのテオドトス(Theodotos)が登場した。彼は養子論的単性論者であり、イエスはそもそも唯の人で、洗礼の時キリストとされたと主張、教会から破門された。しかしその弟子たちは一派をなすに至った。

「ユダヤ人キリスト教徒」

これら以外にも「大教会」側から異端視された潮流にユダヤ人キリスト教徒のそれがある。私たちはすでに、七〇年のエルサレム滅亡以前にエルサレムの原始教会がおそらくペラなどの東トランス・ヨルダンに移ったことに言及した(もっともごく一部のユダヤ人キリスト教徒は七〇年以後再びエルサレムに戻って来たらしいが)。これによって狭義のユダヤ人キリスト教徒は歴史の主流から姿を消すが、しばらくは様々な地で活動を続け、部分的にグノーシス主義との結びつきも示した。彼らは自己を「エビオン人」(「貧しい人」の意のヘブライ語)と呼び、「ナゾラ人」とも称され(「ナザレ人」と訳すのは正しくない)、自らの理解に即応する福音書を編んで「正典」とするに至った。すなわち、二世紀前半、おそらく東ヨルダンにおいて、マタイによる福音書を中心に共観福音書を改竄して作られた「エビオン人福音書」、同じ頃おそらくシリアのベレアで書かれた「ナゾラ人福音書」、さらにはエジプトのアレクサンドリアで二世紀前半に著された「ヘブライ人福音書」である。

彼らは一般に律法、それも清い食物の規定に極端に忠実であり、総じて禁欲的であった。またキリスト論としては、イエスがヨルダン川における洗礼の時に神から「子」として受け入れられたという「養子論的キリスト論」(ないしはそれに類したもの)を展開した。また彼らは、ペトロが「大教会」のシンボル的権威であるならば、自らの表徴として主の兄弟ヤコブを持ち上げた。「ヘブライ人福音書」では、ヤコブは復活のイエスの第一の証人であり、最後の晩餐の正当な出席者の一人であるとされている。こうした彼らの在り方は「大教会」側から多かれ少なかれ批判される結果になり、実際彼らは三、四世紀には完全に消滅してしまった。

なお、一〇〇―一一五年頃、ユダヤ人エルケサイ(Elchesai)が預言者として登場し、パルティアにて新しい派を創出した、という教父たちの伝承があるが、この時代設定には問題がある。しかしグノーシス主義的ユダヤ人キリスト教の「エルケサイ派」が二世紀から四世紀にかけて、トランス・ヨルダン地方で活躍したことは事実である。

エデッサの役割

この関連で、東シリアのオスロエネ国の首都エデッサ(Edessa)について特筆しておこう。そもそもオスロエネ国は、東においてアディアベネに隣接し、西はユーフラテス川に至る小国であるが、一三二年に独立した王国となった。ローマに対しても、パルティアに与《くみ》して幾度となく戦っている。しかし何よりも注目すべきは、このエデッサで栄えたキリスト教文化である。

この都市にはすでに二世紀初期にキリスト教が伝播したらしい。さらに王アブガル(アブガロス)九世(Abgar[Abgaros]IX, 在位一七九—二一四年)はその在位期間中にこの地の王としては初めてキリスト教徒になり、かくしてエデッサ自体が二〇〇年頃には東シリア・キリスト教の中心地となった。

もっとも、この地のキリスト教の性格は当初からユダヤ人キリスト教的ないしは混交宗教的グノーシス的であり、いわゆる「正統」派的(すなわち西シリアのアンティオキア的)流れには属さなかった。先に述べた「トマス福音書」の原形はここで成立している。また上述のタティアノスの『ディアテッサロン』も、エデッサを中心とした東シリアの教会のための作品であったし、後代のマニ教の先駆者と言われるバルダイサンもこの地で一七九年頃回心したと伝えられている。最初期のキリスト教史におけるエデッサの役割には大きなものがある。ただし、二世紀の終わり頃からは、「正統」派アンティオキア教会の影響が徐々に増大して来た。そして政治的には二一六年にカラカラ帝によって最終的に独立を奪われている。

「大教会」側の対抗処置——その一・信仰告白

こうした「異端」諸派との戦いを「正統派」の大教会はどのようにして遂行したか、それは紀元四、五世紀に至るまでの初期カトリシズムの体制作りの中に読みとれる。というのも、この体制確立の過程こそ、その大きな外的動因を「異端」との戦いの中に有していたからである。ここでそれを概観しておこう。

体制として初期カトリシズムを支えたものは三つある。信仰告白の制定、正典の結集、聖職位階制の確立である。信仰告白の最古のものは「古ローマ信条」(Symbolum Romanum)と呼ばれ、二世紀の後半には成立していたと思われる。これが、現在ほぼどの教会でも朗唱する「使徒信条」(Symbolum Apostolicum)の元となったものである。

「我は全能の父なる神を信ず。我はその独り子、我らの主、イエス・キリストを信ず。主は聖霊によりてやどり、処女マリヤより生れ、ポンテオ・ピラトのもとに十字架につけられ、葬られ、三日目に死人のうちよりよみがへり、天に昇り、父の右に坐したまへり、かしこより来たりて、生ける者と死ねる者を審きたまはん。我は聖霊を信ず、聖なる教会、罪の赦し、身体のよみがへりを信ず。アーメン」(日本基督教団版・使徒信条を基に再構成)

ここですでに一なる「全能の神」への信仰がうたわれている。これが元来「異端」反駁のためだけに書かれたかどうかは確かではないものの、後代になると間違いなくそのように理解された。なぜならグノーシス主義こそ、まさに「創造神」を貶め、それを越える「至高者」を「認識」する(単に「信仰」するのではない)ことを標傍したためである。グノーシス派的方向性を持った者は、この信条を教会の中で主体的に唱和し続けることが極度に困難になるために、この信条自体が一種の「踏み絵」的機能を果たすに至るのである。

「大教会」側の対抗処置——その二・新約正典の結集

次に新約正典の結集について言えば、これは一方では、グノーシス主義の余りにも自由奔放な著作活動を限定する必然性から出たものである。そもそも七十を越える新約外典書の中、優に半数以上の作品がグノーシス派的であること自体が、事の重大さを暗示している。グノーシス文書は、本来的に啓示文書の性格を有し、これまでの伝承の基準に束縛されるものではないため、「正統派」教会にとっては信仰を混乱さす元凶に外ならないのである。そこで、「胆汁を蜂蜜と混ぜ合わせてはならない」(ムラトリ正典目録)ために、いわゆる正典の選別および「異端書」の排除が開始された。その際の選定基準は「使徒的権威」であった。「使徒たち」こそが、大教会の監督(司教)の権威と新約文書の正統性とを証する者とされたためである(もっともこの基準は、今の歴史学から見れば、必ずしも事柄に即していない)。

福音書の正典化に関して、より詳しく見れば、ユスティノスにすでに萌芽が現れているので、二世紀の半ば頃に始まっている。つまり彼はその『第一弁明』(一五三／一五四年頃)の中で、「使徒たちの諸回想録」(六七・三、なお三三・五も参照)が教会で権威ある書として朗読されていたこと、またそれらの「回想録」は「福音」(複数形)とも呼ばれていたこと(六六・三)を報告している。

だが、それらはいつから「福音」(euangelion という単数形)と呼ばれるようになったのであろう。二世紀初め頃成立した『十二使徒の教訓』の中で「福音」(euangelion, 八・二、一一・三、一五・三—四)と言われているものが果たして「福音書」を指すのか、あるいはキリスト教の基本的教え(を場合によっては書き付けたもの)ほどのものかは議論がある。

それ以後ではっきりと書物を「福音」(euangelion)と呼んだ人物は、上述のマルキオンである。彼は(今私たちが言うところの)ルカ福音書を自らの視点から編集・改変し、これこそ「福音」そのものであるとの意を込めて『福音』(euangelion)という題を付け、公にした(一四〇年代)。ある仮説によれば、大教会側は、このマルキオンの『福音』という概念を受容し、それまで蒐集の始まっていた(私たちの今言うところの)福音書に適用した、という。いずれにしても、大教会側は、四つに固定されたイエス物語のそれぞれに、「福音は一つ」という大教会的メッセージを込めて、『誰々による福音』という題名を与えた、のである。

時代的には、この「四福音書」の正典化は一八〇年代中頃のエイレナイオス以前には完了していたと見ることが出来る(『異端駁論』第Ⅲ巻一一8等)。その他の新約文書の選別も同時平行したらしく、したがって二世紀末の「ムラトリ正典目録」(Canon Muratori, 一七四〇年L・A・ムラトリがミラノで八世紀の写本群の中に発見した目録文書)にはほぼそろって現れる。すなわちここには、ヘブライ、ヤコブ、I・IIペトロ、およびヨハネの手紙のうち一つを除く二十二文書が確認される(新約の全二十七文書の確立は四世紀末)。

「大教会」側の対抗処置——その三・聖職位階制

最後の聖職位階制について、ローマ発の「クレメンスの第一の手紙」の中の職制理解についてはすでに見た。ここに至って、監督たちの権威は「使徒」に直結し、それ故にキリスト、および神に連なるものとして権威づけられたのであった。

次に、すでに言及した「牧会書簡」が披瀝している職制について見ておこう。重要とされているのは「長老たち」と「監督」、および「執事たち」の存在である。「監督」とはおそらく長老たちの中のリーダー格の者(ないしは単にその一人)の意味であり、「執事」は長老たちないし監督の補佐役である。もっとも、彼らにはすでに見た「クレメンスの第一の手紙」ほどにも、天的な権威付けがなされていない点は注目される。「監督は、咎められるべき点がなく、ただ一人の女の夫であり〔つまり、再婚歴がなく〕、目覚めており、思慮深く、品があり……酒好きではなく、乱暴ではなく、むしろ穏和で、人と争わず、金には淡泊で……」等の人間的資質が前提とされているに過ぎない。とはいえ、この彼らの使命の大きな部分は、まさに「異端」との戦い故に教会を統率することに存したのである。この姿の中には、この時期における「パウロ学派」の主流のあり方が反映されており、これがやがて誕生する初期カトリシズムの中央に合流するのである。

次に注目すべきは、アンティオキアのイグナティオスの職制観念である。彼によれば、「異端」との戦いに際し、信者たちを統轄すべき者が「監督」(ないし「司教」)なのである。監督とは「イエス・キリスト」の如き存在であり(エフェソ六・一、トラレス三・一)、同時に「神の座」(マグネシア六・一)に就く者であり、「神の模像」(トラレス三・一)ですらある。

「監督抜きでは何事も行なってはならない」(トラレス二・二)、「監督なしで何かを行おうとする者は悪魔に仕える者である」(スミルナ九・一)。

この絶対統率者たる監督の下に「長老団」が来る。彼らは「使徒団」(マグネシア六・一、トラレス三・一)の如き者である。そしてその下に「執事たち」が階層的に位置する。「私はあなたたちの中にいる時叫び、大声で、つまり神の声で語った。監督と長老団と執事たちにつけ、と」(フィラデルフィア七・一)、「監督と長老団と執事抜きに何事かを行なう者は、良心が清くないのだ」(トラレス七・二)。なぜならこの監督体制への服従のみが、「異端」を防ぎ、教会の一致を確約するからである。

もっともこうした監督の専制体制が、どれほど現実に存在したかは疑わしい。それは「かくあるべし」という、イグナティオスの想定である面が相当に強い。また、監督を、「クレメンスの第一の手紙」のように使徒と結び付けるのではなく、直接神と連結さす表象は、初期キリスト教の中でも例外的と言える。しかしそれにもかかわらず、「異端」防御のためにこうした体制構想が生まれ、結局それがやがて初期カトリシズムのヒエラルキー体制実現に寄与したことは疑うことができない。

二世紀も後半のエイレナイオスに至ると、十二名の名を連ねた「教皇リスト」が登場する(『異端駁論』第Ⅲ巻三2―3)。ここから、一人の司教(監督)がその権能を代々承伝していくという観念が明瞭に現れているのが分かる。確かに、単独司教制のもと、すべての信者がこれに同意するだけの教会組織は、外敵との戦いにおいては無類の強さを発揮しよう。

グノーシス派の教会形態

というのも、グノーシス主義者たちは、このようなピラミッド組織とはまさに逆の形態をとっていたと思われるからである。それはむしろ一世紀の原始教会集団のそれに似て、一方に「霊の人」たちがおり、他方で一般信徒がいるという、カリスマ的集会形態であったと推定される。このような体制は、当然ながら、この地上において救いの唯一の仲保(媒介)であることを主張する単独司教制、およびそれによって指導される救済組織としての教会に対しては批判的にならざるを得ない。

さらに加えて、大教会はペトロを始めとする「使徒」たちに連なるため、男性中心制である。聖職位階制に女性の入る余地はない。ところがグノーシス主義においては、そもそもこの承伝(succession)思想が支配的ではない。加うるに、救わるべき人間の本質は女性性を担ったものとして描かれる。ここから、グノーシス主義的教会においては、大教会におけるよりも女性の活躍する場が多かったであろうことが推し量られる。

もっとも、このヒエラルキーは、今私たちが問題にしている時期においては、すべての教会を支配する統一的な組織ではなかった点を強調しておく必要がある。それぞれの司教(監督)が、各々全権をもってそれぞれの教会の指導に当たっていたのである。ローマ司教ウィクトル一世(Victor I, 一八九―一九八年)は、ローマ司教の優位性を主張はしたが、他を従わせるまでには至らなかった。「司教の中の司教」(後のローマ教皇)はまだ登場していなかったのである。それは時代を下ること五世紀半ば、レオ一世によってようやく確立されたものである。

3　その他のキリスト教的著作

ここで、以上触れてこなかったキリスト教的著作についてまとめて述べておこう。

第二ペトロ書

新約正典に収められている文書のうちで、もっとも成立が遅いとされているものが「ペトロの第二の手紙」である。その成立時期は、正確には分からないものの、二世紀の中頃と一般に推定される。これは「ユダの手紙」を前提としており、その文面を使いながら、「再臨」はない(三4参照)と主張する「異端」を攻撃している。同時にこの書にはいわゆる「再臨の遅延」から来る焦燥感との対決が明確に見られる。パウロ書簡集の出回っていることが証されているのも興味深い(三15―17)。この書の成立場所は、ヘレニズム世界のどこかということ以外分からない。

使徒教父文書

使徒教父文書の中の最古である「クレメンスの第一の手紙」や、「イグナティオスの七通の手紙」については、すでに言及した。その他の使徒教父文書についてまとめておこう。まず、二世紀の初め頃おそらくシリアで、有名な「十二使徒の教訓《ディダケー》」(原語のままディダケーともいう)が成立していることに注目したい。この文書は教会規則書としての最初のものである。この中においても、「自らのために主にふさわしい監督たちと執事たちを選びなさい――。彼らもあなたたちのために預言者たちと教師たちの勤めを果たすであろう」(一五・一)という文面が見られる。それは、預言者(や教師)というカリスマ的な指導者像が、監督および執事という周知の職務にとって替わられていく過程を明確に証している。

また、「ポリュカルポスの手紙」の一――一二章と一四章が一三五年頃、フィリピの教会に宛てて書かれている(一三章は別の手紙、一一〇年のイグナティオスの殉教の直後成立)。ポリュカルポスは七〇年頃の生まれ、当時はスミルナの司教(監督)であった。この手紙でも分かるように、強く道徳主義的・伝統主義的であり、仮現論的「異端」に対する断固とした護教論者である。その精神は牧会書簡の延長上にある。「バルナバの手紙」は、その実手紙ではなく、バルナバにも由来しない。むしろ完全な「知識」(一・五)に関する神学論文である。成立年代は一三〇—一四〇年頃。場所は不明。ある学者はこの書をこう評している。

「バルナバの手紙は原始キリスト教文学の中でも最も奇妙な文書であろう。時期的にも神学史的にも位置づけの困難な一匹狼であり、教会史や教会体制の歴史の問題に関しても何等教えるところがなく、独自の貢献が乏しく、平凡さと見栄とが結合している中で、文学的にも神学的にも魅力的なものは何もない。しかしこの書は、まさにこの独立性の欠如ゆえに意味を持ち得るかも知れない。つまり、この中に受容されている……律法学者的伝承を明らかにし、歴史的に位置づけ得るならば、同書は神学史上第一級の史料であり得るかも知れない」(P. Vielhauer, Geschichte der urchristlichen Literatur, Berlin/New York, 1975 所収)

同じ時期に、小アジアのヒエラポリスの司教パピアス(Papias)は『主の言葉の解説』という五巻本を書いた。もっとも、この作品は、エイレナイオスやエウセビオスの著作に引用されていることから断片的に知られ得るに過ぎない。しかし福音書記者「マルコがペトロの通訳であった」とか、「マタイはヘブライ語で主の言葉を集大成し、各人はその能力に従ってそれらを解説〔または翻訳〕した」とかいう、研究史上長らく物議をかもして来た発言や、イスカリオテのユダの最期に関する最もグロテスクな伝説等を含んでいる点、見過ごすことが出来ない。

「クレメンスの第二の手紙」は偽書であり、ほぼ二世紀の中頃、一般にローマないしコリントで書かれたといわれている説教である。現存するキリスト教最古の説教であるところに歴史的価値がある。

「ヘルマスの牧者」も二世紀の半ば頃成立した文書である。著者はローマの郊外で農園を経営する人物であるとされているが、伝承によるとローマ司教のピウスの兄弟といわれる。本書は類型的には一種の黙示文書であり、五つの「幻」、十二の「戒め」、十の「譬《たとえ》」からなる。主要テーマは、キリスト教徒が受洗した後に犯した罪はどうなるのかという問題である。これは、終末が無限に遅延する中で当然出てくる問題であると言える。これに対しては、もう一度だけ、最後の悔改めの機会が与えられる。そして(キリストから与えられる)戒めに即して義《ただ》しく生きることが要請される。そうすれば最後には救われるであろう。これは当時の初期カトリシズムの平均的倫理および問題意識を表現しており、その点で貴重な文書である。

最後に、形式上使徒教父文書に属する「ディオグネトスへの手紙」に触れておこう。これは広範な異邦人読者層へのキリスト教弁証の書である。書かれた時期は二〇〇年頃以降コンスタンティヌス時代以前としか言えない。場所はアレクサンドリアという意見もあるが、詳しくは不明である(ただし最後の一一―一二章は別人による付加)。

その他のキリスト教文書

その他、二世紀半ばまでに成立したキリスト教的文書をあげておく。まず、シリア(ないしエジプト)で成立したと思われる美しい頌歌集の「ソロモンの頌歌」。そのグノーシス主義との関係について、最近特に論議が活発となっている。また外典福音書の中では、「ヤコブ原福音書」が二世紀中頃、「トマスによるイエスの幼児物語」が同じ頃、さらに「ペトロ福音書」も二世紀半ば以降に成立している。特に最後の文書は、シリアで成立、とりわけ対ローマの護教的要素が強い書物である。同じくペトロの名を冠した「ペトロの黙示録」は、おそらくバル・コクバの反乱以後二世紀前半に(エジプトで?)成立した黙示文書で、とりわけ入念な陰府の描写に特徴がある。

また、二世紀後半には行伝文学の重要な作品が現れている。「アンドレアス(アンデレ)行伝」は二世紀後半、おそらくギリシャで成立。「ペトロ行伝」は一八〇―一九〇年頃ローマか小アジアで書かれたらしい。ただし、元来の三分の一は紛失してしまった。「パウロ行伝」は小アジアの教会長老によって著されたが、「ペトロ行伝」に依存していると思われるので、二世紀の終わり近くの成立であろう。

エピローグ――岐路に立って

この『聖書時代史 新約篇』は、以上、ほぼ紀元後二〇〇年をもってその叙述課題を終えた。この後の初期キリスト教史は、教会が度重なる迫害――デキウス帝下の迫害(二四九―二五〇年)、ウァレリアヌス帝下の迫害(二五七―二五八年)、ディオクレティアヌス帝下の迫害(三〇三―三〇四年)――の果てに、いかにローマ帝国を「征服」していくかを述べるはずである。

すなわち、三一三年のミラノの勅令によって公認されたキリスト教は、その後、三九二年には事実上の国教となり、三九五年の帝国分裂も四七六年の西ローマ帝国滅亡も乗り越えて、西洋世界全般に伝播し、君臨するにいたる。教義体制的にも、三二五年のニカイア公会議、三八一年のコンスタンティノポリス公会議、そして四五一年のカルケドンの公会議などによって信仰箇条と神学の基本的方向を確定した。また、教会体制としても、西方では四四〇年のローマ教皇レオ一世の即位によってローマ・カトリック体制が確立される。もっとも、東方の教会はローマ・カトリック教会の全的支配を肯定せず、皇帝教皇主義のもと、独自の発展を開始する。

これ以降は初期キリスト教とは呼ばず、むしろローマ・カトリック史であり、またビザンティン教会史である。長く豊穣な中世時代がその背景となる。そして十六世紀以降の近世となるや、とりわけ西方教会においては宗教改革と対抗宗教改革の激動期に突入し、宗教改革からは数多くの「プロテスタント」系教会が出現する。その後、教会が主因となって多くの対立と苦悩、戦争と犯罪、破壊と創造があったことは、現代人の誰しもが見聞きしていることである。

こうして現在、イエス派の運動が起こってからほぼ二〇〇〇年が経過した。しかし、歴史が二十一世紀に突入した今もなお、キリスト教に直接間接に関わる争いが絶え間なく報告され、「戦争と戦争の噂とを聞」(マコ一三7)かない時はない。折しも、「キリスト教」信仰を標榜しながらも、他に倍して好戦的かつ強欲な大国が自己の存在を誇示している。はたして「キリスト教」は、将来の世界に、いかほどでも積極的・建設的なヴィジョンを与えうるのであろうか。それともキリスト教の生命力は、個人的な嗜好のレベルではともかく、世界を新たにする力としてはもはやすでに過去のものなのであろうか。確かに西欧では、キリスト教的「信仰」体系が遺物化する過程にあり、キリスト教会が急速に衰退していることは誰の目にも明らかである。キリスト教はこのまま、世界の諸対立と諸問題の中で何もなし得ず、「クリスマス」その他の社会慣習としては存続しつつも、「宗教」としては実は巨大な歴史博物館の中に入っていくのであろうか。

何も予言者の口まねをするつもりはない。しかし現在の「キリスト教」が、その観念システムも教会体制も含め、改めて自己を批判的に評価し、根源から自己変革すべき岐路に到達していることは間違いないと思われる。そうであればなおのこと、私たちはキリスト教史との批判的な対話を真剣に、徹底的に、遂行する必要があろう。その際、その最初期の運動の動向は間違いなく最も重要な主題となりうる。多様な人間を生かしうる、これからの人類共生のための真の「キリスト教」はいかにして可能か、この遠大な、しかし差し迫った課題に取り組むためにも、「ユダヤ教イエス派」とそこから成長した「初期キリスト教」の姿を見定めることは、キリスト教にいか程にでもあれ関わる者にとっては、避けて通れない作業であろう。

あとがき

筆者はかつて、山我哲雄氏と共に、エジプト史、メソポタミア史、ギリシャ史、ローマ史等の内容に、イスラエル史と初期キリスト教史を加えた『旧約新約聖書時代史』を著した(教文館、初版一九九二年、改訂版一九九七年)。本書は、本書より三カ月早く出版された姉妹編・山我哲雄『聖書時代史――旧約篇』(岩波現代文庫)と同じく、この『旧約新約聖書時代史』を基礎にしている。具体的には、その新約聖書関連部分から「メソポタミア、イラン」等の時代史は削除し、より密接な関係を持つ「ローマ」と「ユダヤ／ユダヤ教」の時代史的動向は保持しながら、元来のイエス派の運動史ないしは初期キリスト教史の部分に集中的に増補加筆と視野の改訂を加えた。また同時に、全体の章分けも統廃合した。こうして出来上がった本書は、おそらく元来の『旧約新約聖書時代史』と比べれば、約半分ほどが新しくなっているはずである。

とはいえ、慎重かつ責任感の強い研究者であれば、決してこのような本は書かないであろう。つまり、キリスト教史の最初の二世紀間とは、余りにも不明な点が多く、断片的なことしか分からないのが実状である。いささか発言が出来るかも知れない自分の小分野を超えて、この時期全体を概観する真似なぞ、したくとも実はやれないし、やろうとも思わないというのが正直な研究者のあり方であろう。案の定、本書は通説や定説を受容しただけのところもあれば、恥ずかしげもなく私見を展開したところもあり、その濃淡は調整されていない。それが軽率な行為であるという批判は謹んで受けるしかない。それでも、本書を起点にして読者諸氏が自ら批判的に主題を深め展開する助けになれば、それだけでこの大風呂敷の意図は達せられたとしてよいと思うのである。

本書は元来、『旧約篇』と同時に出版の約束であったが、筆者の怠慢のせいで脱稿が大幅に遅れてしまった。その間、忍耐強く待ち、また厄介な編集の労をとって下さった編集者の林建朗氏には深く感謝する。そして元来の『旧約新約聖書時代史』をもとに、このような作品を作り出すことに快く同意してくれた教文館の渡部満氏にも、心から謝意を表したい。

二〇〇三年　雛の祭りに

佐藤　研

本書は山我哲雄・佐藤研著『旧約新約聖書時代史』(教文館、初版一九九二年、改訂版一九九七年)の「新約聖書時代史」(佐藤研担当)の部分を底本として大幅に改訂・増補・省略を加え、岩波現代文庫のために新しく編集されたものである。

岩波現代文庫創刊二〇年に際して

二一世紀が始まってからすでに二〇年が経とうとしています。この間のグローバル化の急激な進行は世界のあり方を大きく変えました。世界規模で経済や情報の結びつきが強まるとともに、国境を越えた人の移動は日常の光景となり、今やどこに住んでいても、私たちの暮らしは世界中の様々な出来事と無関係ではいられません。しかし、グローバル化の中で否応なくもたらされる「他者」との出会いや交流は、新たな文化や価値観だけではなく、摩擦や衝突、そしてしばしば憎悪までをも生み出しています。グローバル化にともなう副作用は、その恩恵を遥かにこえていると言わざるを得ません。

今私たちに求められているのは、国内、国外にかかわらず、異なる歴史や経験、文化を持つ「他者」と向き合い、よりよい関係を結び直してゆくための想像力、構想力ではないでしょうか。

新世紀の到来を目前にした二〇〇〇年一月に創刊された岩波現代文庫は、この二〇年を通して、哲学や歴史、経済、自然科学から、小説やエッセイ、ルポルタージュにいたるまで幅広いジャンルの書目を刊行してきました。一〇〇〇点を超える書目には、人類が直面してきた様々な課題と、試行錯誤の営みが刻まれています。読書を通した過去の「他者」との出会いから得られる知識や経験は、私たちがよりよい社会を作り上げてゆくために大きな示唆を与えてくれるはずです。

一冊の本が世界を変える大きな力を持つことを信じ、岩波現代文庫はこれからもさらなるラインナップの充実をめざしてゆきます。

（二〇二〇年一月）

聖書時代史 新約篇

2003年5月16日 第1刷発行
2024年6月14日 第11刷発行

著 者 佐《さ》藤《とう》 研《みがく》

発行者 坂本政謙

発行所 株式会社 岩波書店
〒101-8002 東京都千代田区一ツ橋2-5-5

案内 03-5210-4000 営業部 03-5210-4111
https://www.iwanami.co.jp/

印刷・精興社 製本・中永製本

ISBN 978-4-00-600099-8 Printed in Japan

人名索引

本文に登場する人名を掲げた.（　）内は異称.
〔　〕内は人物説明. まえがき・あとがき・注・地図などに登場する人名は省略. 太字で示した頁は, その人名が節・項の見出しになっている箇所を示す.

ア 行

カ 行

サ 行

タ　行

マ　行

ヤ 行

ラ行

新約聖書歴史年表

前(40)37-4	ヘロデ大王の支配.
前30	オクタウィアヌス，エジプトを征服し，全地中海領域を平定.
前27-後14	アウグストゥス在位.
前20-後10頃	律法学者ヒレルとシャンマイの活動
前4以前	イエス誕生.
前4	ヘロデ大王死す，ユダヤ人の反乱，パレスチナはヘロデの3人の息子(アルケラオス，ヘロデ・アンティパス，フィリッポス)に分割される.
後6	アルケラオス失脚，ユダヤ・サマリアはローマの属州に.
後9	トイトブルクの戦いで，ローマ大敗.
後14-37	ティベリウス在位.
後20-40頃	ラバン・ガマリエル1世の活躍.
後25頃	ヘロデ・アンティパス，ティベリアス建設完了(後13―).
後26-36	ユダヤ総督ポンティウス・ピラトゥス.
後28頃	洗礼者ヨハネ登場，イエスの受洗.
30頃	イエスの十字架死.
31	ローマにてセイアヌス処刑.
32頃	ステファノ殉教,「ヘレニスタイ」への迫害.
33頃	パウロの「回心」.
34	フィリッポス死.

35頃	パウロのエルサレム訪問.
37-41	ガイウス在位.
37頃-44	ヘロデ・アグリッパ1世，旧フィリッポス領の王となる.
39	ヘロデ・アンティパス，ガリアに追放，その領土はヘロデ・アグリッパ1世に帰す.
40	ガイウス，エルサレムに己の像を建てることを命ずるが果たせず.
41-54	クラウディウス在位.
41	ヘロデ・アグリッパ1世，ユダヤとサマリアの地方を得る.
43頃	ヘロデ・アグリッパ1世，エルサレム教会迫害，ゼベダイの子ヤコブ殉教.
44	ヘロデ・アグリッパ1世の急死，その後パレスチナ全土がローマの属州に.
	「主の兄弟」ヤコブ，エルサレム教会の長に.
47頃	パウロの「第1回伝道旅行」.
48頃	パレスチナで大飢饉.
	エルサレム使徒会議.
49頃	この頃から，ユダヤ騒擾化.
	アンティオキア衝突事件.
	ユダヤ人，ローマから追放される.
	使徒教令発布.
49-52頃	パウロの「第2回伝道旅行」.
50/51頃	*I* テサロニケ書
53-56頃	パウロの「第3回伝道旅行」.
53/54頃	ガラテヤ書，*I* コリント書，*II* コリント書，フィリピ書，フィレモン書

54-68	ネロ在位.
55頃	「エジプト人」の反乱.
55-56頃	ローマ書
56頃	パウロ，エルサレムで逮捕され，以後2年間拘留.
58頃	パウロ，皇帝に上訴，ローマに護送.
61/2	パウロの処刑.
62	「主の兄弟」ヤコブの殉教.
60年代前半？	Q伝承集団など，パレスチナを離れる.
64	ローマ市で大火，当市のイエス派の者たちへの迫害，ペトロ殉教. エルサレム神殿完成. この頃から，ユダヤ全土に混乱拡大.
66前後	ラバン・シメオン・ベン・ガマリエル1世の活動.
66頃	エルサレム原始教会，ペラに(?)脱出.
66-70	第一次ユダヤ戦争
68	ネロ，自殺．以後，帝位をめぐって混乱.
69-79	ウェスパシアヌス在位.
70	エルサレム滅亡.
73	要塞マサダ陥落.
70年代	ヨハナン・ベン・ザカイを中心に，パレスチナ・ユダヤ教はヤブネ体制を構築.
70年代	マルコ福音書
75-79	ヨセフス『ユダヤ戦記』
79-81	ティトゥス在位.
81-96	ドミティアヌス在位.
80年代	マタイ福音書，ヤコブ書，コロサ

		イ書
90頃	ラバン・ガマリエル2世，総主教に.	
90年代		*ヘブライ書，ルカ福音書，使徒行伝，IIテサロニケ書，ヨハネ福音書，ヨハネ書簡*
90年代	ユダヤ教，(旧約)聖書正典を確定.	
93-94		*ヨセフス『ユダヤ古代誌』*
95頃	小アジアでキリスト教迫害.	
95頃以降		*ヨハネ黙示録，Iペテロ書，エフェソ書*
96-98	ネルウァ在位.	
97頃		*Iクレメンス書*
98-117	トラヤヌス在位.	
2世紀始め頃		*ディダケー*
106	ナバテア，ローマ属州アラビアとなる.	
110頃		*アンティオキアのイグナティオスの手紙*
110頃	イグナティオス殉教.	
110頃-135	ラビ・アキバの活動.	
112頃	ビティニアのキリスト教徒迫害.	
115-117	キトス戦争	
116	アッシリアを合併し，ローマの版図最大に.	
117-138	ハドリアヌス在位.	
2世紀前半		*Iテモテ書，IIテモテ書，テトス書，バルナバの手紙，パピアス「主の言葉の説明」，エビオン人福音書，ソロモンの頌歌*
130頃	アクィラ訳聖書の成立.	

132-135	第二次ユダヤ戦争(バル・コクバの乱)
136頃	*ポリュカルポスの手紙*
138-161	アントニヌス・ピウス在位.
144	マルキオン，ローマ教会から破門さる.
2世紀中頃	*IIペトロ書，IIクレメンス書，ヘルマスの牧者，ヤコブ原福音書，ペトロ福音書，ペトロ黙示録*
150頃	ラビ・メイルの活動.
155/156(または161-169)	ポリュカルポス殉教.
156/157(または172/173)	モンタノス登場.
161-180	マルクス・アウレリウス在位.
2世紀後半	古ローマ信条成立.
2世紀後半	*トマス福音書，ヨハネ行伝，アンデレ行伝*
165頃	ユスティノス殉教.
177	ルグドヌゥムにおけるキリスト教徒迫害.
178	エイレナイオス，リオンの司教となる.
180-192	コンモドゥス在位.
185頃	*エイレナイオス『異端駁論』*
190頃-217	ラビ・ユダ，総主教に.
2世紀末	*ムラトリ正典目録，ミシュナ*
193	コンモドゥス暗殺さる，その後，帝位をめぐる混乱.
193-235	セプティミウス・セウェルス在位.
200頃	*ペトロ行伝，フィリポ福音書*
200以降	*ディオゲネトスへの手紙*